大夏

大夏书系·作文教学

作文课，我们有办法

4位小学语文名师的
作文教学智慧

Zuowenke,
Women You Banfa

4 Wei Xiaoxue Yuwen Mingshi de
Zuowen Jiaoxue Zhihui

姚春杰　何　捷　主编

华东师范大学出版社

上海
著名商标
ECNUP
全国百佳图书出版单位

目录

"三维一体"理念在作文教学中的体现（代序）

　　语文课程标准提出了一个重要理念，即知识和能力、过程和方法、情感态度和价值观三个维度相互渗透、融为一体的理念。课程目标都是根据它来设计的。

　　"三维一体"理念的提出，是认识上的一个飞跃。下面我就作文教学如何体现这个理念，谈一谈自己的做法和认识。

一

　　在作文教学中，情感和态度是最重要的。首先要培养学生的写作情感和态度，激发他们的写作兴趣和自信心。

　　有一位四年级的老师执教作文课"说照片，写照片"，立意很好，选材也不错。一开始，学生的热情很高，争先恐后。可是老师嫌"乱"，于是提出了要求：请同学们先说在什么时候、什么地方和谁一起照的照片，再说那一天你们都做了些什么，心情怎么样，最后说明这张照片是谁拍的。这么一来，学生们一个都不说了，教室变得静悄悄。可见，要求不能多，更不能高。

　　如果对写作的要求多了，高了，学生就会望而生畏，不知从何下笔了。我在作文教学中，刚开始时一般不提要求。学生写的人物外貌、小动物等，常常是天一句地一句的，我还是给予好评。有些老师对此不太理解。我说："此时先鼓励，先让他们写起来。等他们敢写了，乐意写了，再指出错误来也不迟。一棵幼苗，才长出三个杈，就急于剪枝，说不定会使它枯萎。"

关于写作范围，一般情况下也不限制。譬如写人，爱写谁就写谁，爱写什么内容就写什么内容。如果现实生活中没有合适的，也可写想象中的。比如《西游记》中有个孙悟空、猪八戒，你可以想象出个孙小圣、猪九戒来，张乐平笔下有个三毛，你的笔下可以创造出个四毛来。

有些要求一定要提，比如把句子写通顺，写好了要出声地读几遍，把不通顺的地方改通顺了；要正确使用标点符号，写真人要讲真话，写想象中的人和物可以任意写。

有些要求可以在评讲（特别是评讲草稿）时提出来。这时提出来，学生往往听得进，接受得了。因为这时提出来，对学生来讲不再是约束，而是规范。有些要求的提出，还要因人、因年级而异。

要求少了，限制就少了。少了些限制，学生就多了些自主，多了些创造的空间；少了些"统一"，就多了些个性。总之，要求少了，自由便多了，胆子便大了，信心便足了。

其实，古人就提倡写"放胆文"，主张"先放后收"。第一步，"放"——鼓励学生大胆想，大胆写，驰骋想象，放开思路，不受约束；第二步，"收"——到了一定阶段，学生写作已经有了一定基础，才要求精练严谨。宋代的欧阳修、苏轼和清代的王筠对此均有生动的论述。

培养写作的兴趣和自信，主要是多鼓励。哪怕他只写了一个好句子，哪怕他只是比上次减少了一个错别字或恰当地用了一个词，恰当地引用了一句名言，都要鼓励。鼓励和表扬时最好当着全班同学的面，因为学生在众人面前受到表扬，会感到很自豪，从而更自信！

二

作文教学更要重视过程和方法。

作文从起草到誊清的过程是一个不断修改、不断完美的过程。

我特别重视修改文章的过程，这个过程可以简单地概括为"作中指导"，即无论写什么作文，都先让学生独立完成（个别学生完成不了也没有关系），不要怕学生碰钉子，因为只有碰了钉子才会去想办法，才会去讨教。学生的草稿写好之后，我再根据草稿中反映出来的问题，进行必要的指导，然后让学生去修改。有时，我批阅学生的作文只批不改——指出问题，让学生自己改。文章不厌百回改，好文章是改出来的。学生在修改的过程中会获得方法，提高写作能力。

我还十分重视读写联系、学用结合。这是作文的一个更大的过程，甚至可以说是一生的过程。要培养学生广泛的阅读兴趣，好读书，会读书，读与写要结合起来。唐彪在《读书作文谱》中说："学人只喜多读文章，不喜多做文章；不知多读乃藉人之功夫，多做乃切实求己功夫，其益相去远也。"所以不能因作文艰难费力，而"懒其心，懒于做"。我十分重视阅读教学的小练笔，一者有所凭借，学生写起来容易，能树立信心；二者能积少成多，为大作打下基础。"不积跬步，无以至千里"，有小才有大，不能因小而不为。

还有，我很重视让学生进行以写作文为主的"探究性学习"。我为学生们出的"说说我的姓和名""话说端午节""说'冒'字"都属于探究性的作文。要写好这些作文，学生必须查资料，搜集有关资料后，还要对资料进行加工、整理。学生参与了这样一个过程，方法也有了，情感体验也有了，能力也有了。这种能力的培养、情感的体验，将受用终生。

过程有长短、大小之分。方法不等于能力，但方法一旦被掌握，就可以转化为能力。

三

最后谈谈知识和能力。过去，我们把写作知识分成若干个点传授给学生，比如详略得当、前后照应、重点突出，还有记叙文的几个要素，等等，以期培养学生的写作能力。但是，这些要求对小学生来说太高了，小学生作文只是习作，他们只是在学习写作，所以要淡化文体，让他们自由表达。先写起来再说。乐意写了，能写了，对小学作文教学来说，就是成功。

在教学中，该提什么要求，该讲什么知识，什么时候提，什么时候讲，我都是根据班级的实际和学生个人的实际决定的。课程标准中没写的东西，教师也可根据学生的实际需要来讲。但讲一定要从实际出发，有针对性。要针对学生作文中的优点和不足讲，这样才有用，才能更好地为学生所接受。

但是，对于小学生来说，把要表达的意思写得具体明确，写得文从字顺，这种基本能力要培养，要具备。其中文从字顺尤为重要，因为语句不通顺说明学生思维混乱，所以要花大力气训练学生把文章写通顺。

于永正

于永正专辑

于永正，全国著名特级教师。享受国务院颁发的政府特殊津贴。1995年被评为"国家有突出贡献的专家"；1999年12月国家教育部在南京专门召开了"于永正语文教学方法研讨会"，推广其"五重"教学（重情趣、重感悟、重积累、重迁移、重习惯），这是建国以来教育部为个人召开的第一个教学研讨会；2001年被评为江苏省教育模范；2002年获全国五一劳动奖章。

发表论文150余篇，出版《于永正课堂教学教例与经验》《教海漫记》和《于永正文集》等教育专著。

教学主张

小学言语交际表达训练作文实验研究及做法

一、抓住生活提供的言语交际机会进行说、写训练

随着社会的发展，物质文明和精神文明的不断进步，人民生活水平的日益提高，孩子们的生活会更加多姿多彩，无论是家庭的，学校的，还是社会的。人与人之间的交往也会越来越频繁，口头的、书面的交际会越来越广泛，这就为我们的言语交际表达训练提供了大量的素材和训练机会。

下面从三个方面介绍我的做法。

（一）抓住学校生活提供的言语交际机会进行说、写训练

小学生平均每天在学校里生活六个小时。师生们一起上课，一起活动；学生们一起玩，一起学习，互相交流着生活上的、学习上的及其他方面的种种见闻、体验和感受，有酸甜苦辣，有喜怒哀乐。丰富多彩的学校生活为学生提供了大量的言语交际训练的机会和内容。同学晏×从外校转到我们班，我在班里召开欢迎会，让学生致欢迎词（事先要求人人写，然后指定几位学生发言），让晏×致答谢词。晏很感动，用电子琴为大家演奏了两首曲子：一首《百灵鸟》，一首《西班牙斗牛士》。同学们热情洋溢的话语和经久不息的掌声拉近了她和同学之间的距离，转到我们班的生疏感一下子烟消云散了。我班同学也因晏×的大方讲话和精彩演奏而了解了这位新伙伴的特长。会后，我给全班出了一个作文题——"我班来了一位新同学"，给晏×出了一个作文题——"记欢迎我的'欢迎会'"。我批改过之后，请每位学生回家读自己的作文，也让家长了解我们的新同学。同时让晏×的家长了解新班级和新老师，让其家长放心。

三年级期末，学生王×因父母的工作调动，要随父母转学到哈尔滨，

我便在班里召开欢送会。学生几乎都发了言，既热烈、动情，又精彩、感人。夏同学说："王同学，你在我们班是'小不点'，希望你到了哈尔滨，喝了松花江的水，能长成大个儿！"钱同学说："王同学，我听说因为你妈妈很喜欢小猫，所以给你起了个小名叫'咪咪'。这次搬家你妈把你家可爱的小花猫送给了别人，你哭了。我愿你到了哈尔滨后能再有一只可爱的小花猫！"王同学发言时落泪了。她说："我舍不得离开徐州，离开朝夕相处的老师和同学。如果我有一根魔杖，我一定把大家都带到冰城哈尔滨！"

王同学告别了同伴，回到了自己的故乡。小伙伴们又写了作文《我的同学——王×》，并把一篇篇带有老师批语的作文寄到哈尔滨。

关于老师，可说、可写的事也不少。

一次，班主任邓老师生病了，几天没来上班，但她心里时时惦念着学生。学生们得知后，无不为之感动。老师惦念学生，学生自然也挂心老师。我抓住这个机会，让全班学生给邓老师写慰问信。待邓老师稍好之后，组织学生分批到邓老师家里进行慰问。学生读慰问信时，眼里噙着泪；邓老师听时，眼里也噙着泪。学生吃着邓老师硬塞进手里的水果和糖块，品味到的只是糖果的甜味吗？他们回校后，我又抓住机会布置了一篇作文——《慰问邓老师》。

学生升入四年级，因工作需要，邓老师调教一年级去了。相处了三年，师生之间建立了深厚的情谊，学生们依依不舍。于是，我又指导学生写《给邓老师的致敬信》和《我的启蒙老师》；写毕，又让每个学生想好几句话，准备在欢送会上说给邓老师听。会上，师生之间情切切，意浓浓，那场面很是感动。古人说："情动而言形，理发而文见。"交流有对象，即说有听者，写有读者，是现实的言语交际，是既有情又有理的，所以它的意义远远超出了表达训练本身。关于这一点，后面的例子会更生动、更深刻地凸显出来。

我体会到，当我们有了交际意识时，将我们的视角稍微变换一下，就会发现生活中有价值、有意思的训练点。

春天来了，花坛里的花开了，我便引导学生写小建议《爱护花木》；图书室来了新书，我们班看了，我便让他们写《新书介绍》，并组织读书会，让大家谈读书心得；发现地上有纸屑或痰迹，便请学生写《请保护我们的环境》；等等。到了高年级，结合其他课程和生活实际，我经常出些有趣的题目让学生通过翻书、查资料或咨询来完成。一次，我发现楼梯上有一个烟头，于是我请学生写《谈吸烟的危害》，这让学生费了一番工夫。然后，我让学生给吸烟的人写一封信（可以写给吸烟的老师，也可以写给家里的人），要求不但要晓之以理（把你了解到的有关吸烟的危害讲清楚），而且要动之以情，用自己的一片真诚劝告他们不要吸烟。

下面是一位同学给他爷爷写的一封信。

亲爱的爷爷：

您好！

我，您的孙子在给您写信。此时，我的心情十分复杂！是焦虑，还是忧愁？确切地说，是对您的爱。

今天，我知道了吸烟的害处，不由得想到了您。爷爷，为了您的健康，戒烟吧！香烟是人类健康的大敌！您知道吗？把一包烟里的尼古丁抽出来注射到一头牛身上，能把牛毒死。您常说："饭后一支烟，胜过活神仙。"每当您坐在沙发上喷云吐雾、大口大口地抽着香烟时，您可知道，您吐出来的是一条条杀人的绳索！它会把您的脖子越勒越紧。气管炎、肺气肿、高血压、心脏病会排着队向您走来。听奶奶说，有一段时间您已戒烟了，可现在又抽起来了，我真为您的前功尽弃而痛心！您没有戒掉，是因为您没有毅力。爷爷，当您拿起香烟时，想想吸烟的害处吧！想想那可怕的癌魔吧！

爷爷，为了您的健康，请彻底戒烟吧！

祝您戒烟成功！

爱您的孙子：×××

×年×月×日

（二）抓住社会生活提供的言语交际机会进行说、写训练

社会是个大课堂。把视角移向社会，会惊奇地发现，它为我们提供的言语交际训练的机会和内容非常多。抓住它们让学生进行说、写训练，无论从哪个方面（特别是实用性方面）讲，都非学校生活所能及。

我很留心报纸、电视和广播。我曾带着学生慰问、采访过劳动模范、交警、医生、营业员、解放军战士。去采访前，先给他们写慰问信、致敬信，采访完再组织学生写作文。这些英雄模范人物，我都是通过广播、电视、报纸了解到的。

总之，凡是学校组织的社会活动，我都抓住不放，安排说、写训练。就是学生到医院看病、到商店买东西，我都不放过，借此训练学生的交际能力。记得有一次，我带张同学到医院看病（那时她上二年级），还没等我开口，医生便说："这个孩子是我所遇到的像她这么大的孩子中，最能把自己的病情说清楚的人。"

岳飞说："运用之妙，存乎一心。"他说的是打仗，是打仗时战略战术的运用。其实，干什么都在于一个"心"字，要有心，要留心，要用心，同时还不能怕麻烦。

（三）抓住家庭生活提供的言语交际机会进行说、写训练

家是孩子说话最多、最自由的场所，但说什么话大都任其自然，很少有人有意识地训练孩子的表达能力。于是，我主要从以下几个方面训练学生。

第一，了解学生家长的生日，在家长过生日前，让学生想想该向家长说些什么，并加以训练。

第二，每逢节假日，向学生交代，走亲访友或朋友亲戚到家里来，应该对他们说些什么以及怎样说。开家长会时，我特别强调，在可能的情况下应尽量带孩子出去走走，让他们去接触社会，接触人。

第三，对于学校里发生的值得向家长说的事，还有学校的有关通知，我将其当成一项家庭作业要求学生向家长叙述、转述。

第四，家里来了电话，要求尽量让孩子先接，孩子能回答的，让他们回答；收到亲戚朋友的信，孩子能写的，让他们写。在第一轮实验时（1985－1990年），电话还没走进百姓家，写信还是与外地亲朋交流的主要手段。那一轮的学生信写得特别好（原因后面将会介绍），家长们按我

的要求，许多信都让孩子写。毕业前夕，很多家长握着我的手说："于老师，现在我写不过我的孩子了。我的亲戚朋友看了我孩子写的信，都不相信是出自孩子之手，都夸我的孩子有出息，会说话！就凭这一点，我也得好好感谢您！"后来，电话普及了，我就训练学生打电话时应该怎样说，接电话时应该怎样说，怎样说得既清楚又简洁。

二、开展活动，适时安排说、写训练

如果说抓住生活中提供的素材和言语交际的机会进行说、写训练是等米下锅，那么，开展活动，适时安排说、写训练则是找米下锅。喜爱活动是儿童的天性。活动是连接主客体的桥梁。有意义的活动不仅能促使学生的良好品格的形成，陶冶情操，促进智力和创造才能的发展，也有利于强身健体。总而言之，活动有独特的育人功能。在活动的过程中，相机安排说、写训练，会使活动更加丰富多彩，更有意义。

（一）走进大自然，适时安排说、写训练

春天是美的。每年春天我都会带学生走进大自然，与他们一起在山坡上、小河边、果园里、树林中寻觅春天的踪迹。下面介绍我开展的一次"找春天"的活动，以及我在活动中是如何相机安排说、写训练的。

这是三年级搞的一次活动。我早早地把准备开展"找春天"的活动告诉了小朋友们。小朋友们兴高采烈。我带着学生们爬到山坡上，走进果树林里，跑到小河旁尽情地玩，努力地找寻春天的颜色，把找到的春天的颜色画下来，回来举办画展。春天里到处是问号，好多树，好多花，好多虫，我都叫不出名字来，才感到自己孤陋寡闻。面对小学生的提问，我为说了太多的"无可奉告"而惭愧。对于不知名的花和草，我只好统统叫野草、野花。学生画的画，真是五花八门，有的居然画了五六张，有草，有花，有树，有小河，有蝴蝶，有刚出洞的蚂蚁，还有站在枝头唱歌的小鸟。回到学校，我请小朋友们在每幅画的下面写上几句话介绍内容，然后张贴出来，算是画展。再要求把找到的春天写下来，举办"找春天"作文朗诵会。作文要按画上的内容来写。这次活动中有两位学生写的《找春天》在《徐州日报》上发表了。

这次活动的画画和在画上写几句话，以及写作文《找春天》，都是活动的需要，是活动的一个组成部分。如前所说，开展活动要顺应儿童的天性，要想学生之所想。例如，学生们对钓鱼、捉虾很感兴趣，我就千方百计地满足他们的要求；他们对爬山感兴趣，我就千方百计地去组织、设计活动方案，尽量让学生玩得开心、有益。

经过多方联系，我们的钓鱼活动终于得以实施了。教体育的张老师是钓鱼行家，在开展活动之前，我们先约请他给我们讲解如何钓鱼以及注意事项。约请时怎样说？我先对学生进行了训练。训练之后，请两位同学去请张老师。张老师到班上向学生详细介绍了钓鱼的方法和注意事项，并表示活动时他将和我们一块儿去，当我们的顾问。钓鱼地点选在郊区刘湾村的一个大池塘。芦苇丛中站满垂钓者。一根根鱼竿从芦苇里伸出来，一条条线垂入水中，一双双眼睛紧盯着水面上的浮子。每钓上一条鱼，都给学生带来莫大的喜悦。谁钓上一条鱼，就让他擎着鱼照相留念，并为他颁发一张写有"钓鱼能手"的奖状。晏×非但没把鱼甩出来，人却被鱼"拖"进池塘里去了。幸亏顾问张老师正站在她身旁，帮她把鱼捉上了岸。呵！好大的一条鲤鱼！足有两三斤重！晏×拎着活蹦乱跳的大鱼，站在相机镜头前乐得合不拢嘴。

钓了这么多鱼怎么处理？——慰问五保老人（村里无儿无女的老人）和军属。于是人人写一封慰问信，然后分组带着鱼和信前去。场面感人，自不待说。

回到学校，人人写了一篇日记。钓鱼、慰问两者任选，两者都写自然更好。

活动中的说、写都不是我强加的。每次活动之前我从不提作文二字，省得部分学生反感，扫他们的兴。等到该说该写了，不让他们说，他们也说；不让他们写，他们也写，而且十分积极和主动。

（二）走进社会，适时安排说、写训练

对小学生来说，所谓走进社会，只是带领他们到工厂、农村去走走，去看看，了解工人怎样做工，农民怎样种田。一天，我对学生们说"明天我们到徐州电扇厂参观"，学生一阵兴奋。我又说："如果看大门的人不允许我们进去怎么办?"学生们天真地说:"那,我们就甜甜地多喊几声老大爷。""如果是女的呢?""那就多喊几声阿姨。"听课的老师哄堂大笑。我告诉学生:"我们必须写封介绍信,写好之后派人去联系,征得厂长的同意我们才能去。"学生们说:"可是我们不会写介绍信呀。""不会写没关系,我教你们。"于是我教学生怎样写介绍信。然后选一份字写得特别好的,盖上校章,请两位学生持介绍信去联系(实际上,学校早已联系好了,一切参观事宜厂方已安排妥当)。我们除参观了电扇的生产过程,还采访了劳动模范鲁师傅。临别时,厂长请我们为厂里新生产的一种鸿运扇写一个宣传广告,为鲁师傅写个通讯报道。既然厂长提出要求,我们就得尽力而为。我原以为写广告有点困难,事实上,学生们将广告写得非常出色。

通过这次参观活动,学生既了解了电扇生产的过程,了解了工人是怎样工作的,又练习了写介绍信、广告和报道。

城市里的孩子更应该到农村去。到了农村,他们一个个都成了无知的人,他们叫不出任何农作物的名称,如果说把芋头误认为荷花还情有可原的话,那么把水稻当作小麦就可笑了。我带学生到农村为蔬菜捉过虫,拔过草,让他们比较过玉米和高粱,以及深入到农户中了解他们的过去和现在,了解他们的吃穿住行。活动后,写过调查报告,也为农作物写过说明文章。

（三）走入军营,相机安排说、写训练

在小孩子的心目中,军营是一个神秘的地方,解放军是他们的崇拜对象之一,对于枪炮、坦克、飞机更有浓厚的兴趣。于是,带学生参观军营,参观坦克、飞机是我必定安排的活动。

下面说说我带学生参观某坦克师的活动。

在去参观之前先与学生座谈"我到了军营该怎么做"。我要求在座谈前,人人写个发言提纲。因为这次活动是参观坦克,学生们的积极性非常高,我请他们先查阅资料或者向别人询问有关坦克的知识,然后互相交流,最后座谈时提出的问题和参观要点都很有水平。

参观共有三个内容:参观坦克、参观王杰烈士纪念馆和观看解放军的擒拿表演。活动结束了，我出了以下几个作文题目："我和坦克合个影""解放军最新主战坦克""王杰叔叔的一件事""虎虎生威"。要求任选一个题目写，以此参加《徐州日报》"小荷"版作文比赛。第一、三、四题是记事的，第二题是记物的，说明性的，但因为看过实物了，又有资料，所以写起来也比较容易。

参观前的座谈"我到军营该怎么做"是活动的需要，不谈不行，说不好也不行，因为老师说过"如果说不好，去军营的活动就得考虑考虑"。写作文是活动的继续，因为要参加作文比赛，是有目的的，也是一种需要。

我带学生参观飞机，观看飞机的起飞和降落，请飞行员叔叔讲训练的故事，讲当一名飞机驾驶员要具有什么知识和素质，都给学生留下了难忘的印象。在活动中安排的说、写训练，如《和飞行员叔叔的一席谈》《我为飞行员叔叔献上一首诗》（事先写好有关卫国戍边的古诗、词）等，都极为生动。

（四）开展竞赛，适时安排说、写训练

就规模来说，活动有大小之分；就地点来说，又有校内校外之分。所以活动不只是在校外开展，不出校门，照样可以搞一些活动，在活动中安排说、写训练。如拔河、跳绳、踢毽子、托气球、迎面接力赛等，可以在操场上进行；猜谜语、画大鼻等竞赛适宜在教室里进行。上述活动简便易行，且又有趣味性，很受学生的欢迎。

三、创设言语交际的情境，进行说、写训练

如果说走入自然，走入社会，是把作文教学的课堂搬入自然，搬入社会，那么，创设言语交际的情境进行说、写训练，则是把社会搬入了课堂。创设的情境虽然来自现实生活，但必须动脑子，精心设计，做到既有实用性，又有可操作性，还要有趣味性。我在情境的创设上花费了很大心血，不开动脑筋，是很难"创"出来的。但既然是创设，就有广阔的想象空间，可以开展内容丰富、多层面的说、写训练。

下面介绍我的几种主要做法。

（一）创设转述性的言语交际情境，进行说、写训练

日常生活中，我们经常会看到这种情景：有人来找你的同事，而你的同事又不在，你必定会问来者何意，而同事来了之后，你必定要如实转述。至于转述电话内容、转述通知之类的就更多了。所以对于转述，学生要具备两种能力：

一是听的能力，即能听懂并能记住别人的话；二是口头表达能力，即能有条理地、清晰明白地把别人的意思说出来。

（二）创设描述性的言语交际情境，进行说、写训练

描述性的转述训练，较纯转述性训练有一定难度，因为描述的部分，实际上是观察后再表达的训练。但是如果学生训练有素，这种课往往会上得很精彩。

描述性的转述训练也可以利用生活本身提供的情境进行。如学生进行大队集会、到外面参观、到郊外秋游时我没去，我就请学生描述他们的所见所做，转述他们听到的趣事。

（三）创设说明性的言语交际情境，进行说、写训练

最简单的做法，是请学生看一种商品的使用说明，然后向要使用此种商品的人作介绍。例如，找一种药请学生阅读说明书，然后请他告诉"病人"，这种药有什么作用，怎样服用，有什么副作用，应注意什么问题，以及怎样保存，等等。再如，找一种洗涤剂的使用说明或家用电器的使用说明，请学生阅读后再转告"使用人"。到了高年级，我创设的说明性的转述训练就复杂得多，而且有一定难度。

一天，我对学生说："教自然的张老师想了解恐龙的一些情况，可是他一时找不到有关资料，请大家分头去搜集，把恐龙的生活年代、种类、生活习性以及怎样灭绝的种种猜测，尽量了解清楚，并做好记录，然后转告给张老师。"还有一天，我对学生说，张老师又想了解有关扬子鳄的情况，请大家去找有关资料，并摘抄下来，再转告给张老师。学生们准备好之后，我请张老师到我们班，听学生的介绍。

以上转述性训练既培养了学生查阅资料、搜集信息、整理信息的能

力，又培养了学生转述的能力。在信息时代，这种能力非常重要。

（四）创设思辨性的言语交际情境，进行说、写训练

在日常生活中，人们常常为一件事或一种现象展开争论，有时各执一端，争得不可开交；有时通过争论，达成统一认识。大人如此，小孩子也如此。我们有时还会看到劝告、劝阻等现象。有的劝告者坦然陈词，有的娓娓道来，说得头头是道，句句在理，被劝者往往心悦诚服。还有人虽然敢于直言，但或由于不能晓之以理，讲不出个所以然来，或虽然说得有理有据，但不能动之以情，态度生硬，而致使双方不欢而散，甚至反目。如何既能晓之以理，又能动之以情？如何让言谈取得好的效果？这不能靠老师"讲授"，必须有一种环境，一种机会，让学生在实际的或近乎实际的言语交锋中去锻炼。一切能力都是来自实践。这种思辨性的言语能力是很重要的，为此，我结合学生的生活实际，创设了不少言语交际的情境，对他们进行训练。

四、在交往中，进行说、写训练

广义上，学生与家人、与老师、与同学的接触都叫交往。我们这里所说的交往，是特指在老师的安排下，大城市里的孩子和农村、县城里的孩子的来往。既然交往，当然离不开言语交际，有口头的，也有书面的。

先说口头表达能力。我教的两轮实验班学生，绝大多数是独生子女，他们在家里找不到小朋友玩，在友谊班里有了朋友，一面生，二面熟，几年下来，他们之间就无话不说了。知识互补，经历互补，见闻互补，一个生活在农村，一个生活在城市，这本身就有说不完的话。至于每次到朋友家做客，每次向朋友介绍有关活动的内容，都做了认真准备，有的（如介绍戏马台、大运河、地面自来水厂、王杰烈士事迹等）还经过了严格的训练。我们的交往，出发点在于训练言语交际的能力。人们夸我们的学生会说，绝不是溢美之词。更重要的是，这些说的训练，有极其重要的实用价值，是在学校里、在课堂上训练不出来的。我班有个姓徐的学生，今年上大学二年级了，她的会说在大学里是出了名的。有一次，她和老师辩论一个问题，老师气得给她的父亲打电话告状。徐同学的父亲放下电话后哈哈大笑道："没想到，大学教授也学小学老师的法儿，治不了学生就找家长。这都怪她们于老师，谁叫他教的孩子这么能说会写呢？"

再说书面表达能力。前面说了，最初的交往是书信联系——在老师的指导下，互相通信。几年来，每个人收到的信就有一大沓。这些信的内容十分广泛，写人记事、描景状物的都有。而且每封信（自己主动写的不算）都是经过老师指导的（多数是打过草稿的），这种作文训练的效果可想而知。另外，学生每互访一次，总会有许多感受，这为作文积累了大量的素材，我每次都让学生选其一二写下来。这些材料、感受（如拔草、捉虫、捉虾、钓鱼、拾棉花、掰玉米、钻坦克、上飞机等）也是在学校里难以体验到的，孩子们写作文再也不会胡编乱造、无病呻吟了。刘勰在《文心雕龙·物色》中说："岁有其物，物有其容，情以物迁，辞以情发。"学生写的作文之所以好，是因为脑中有物，心里有情，而且符合文章产生的规律。

在交往中，我们开展的活动很多，去过的地方有工厂、农村、菜园、市场、风景名胜区、博物馆、装甲部队、空军部队、陆军营房；就活动内容讲，有参观，有比赛（爬山比赛、拔河比赛、钓鱼比赛、朗诵比赛、作文比赛、速算比赛，等等），有采访（采访各类先进人物），有慰问等。

学生们为了搞好每次活动，如给农村小朋友做导游，介绍戏马台、小萝卜头和大运河等，都需要查阅许多资料，请教老师。这一切，都大大扩大了孩子们的知识面。苏霍姆林斯基极力推崇带孩子走入大自然，走入社会，要我们千方百计地为学生打开认识自然的窗口。对于孩子来说，这是有必要且有意义的。因为能适应未来生活的孩子，必须是见多识广的。创造意识也不是凭空而来的，它来自博闻强记、见多识广，来自细心观察和思考。当学生在机场问我歼6飞机与歼7飞机机翼为什么不一样、三角翼有什么优越性时，不就是他们的创造意识在萌发吗？

言语交际不但要求人们会说，还要求人们敢说且大大方方地说。这也是要通过训练才能达到的。不少孩子不是不会表达，而是羞于表达。

如何消除孩子在交往中羞于言辞的心理？当然，也只有在言语交际的实践中去克服。胆量也是练出来的。

林同学是我班胆子最小的女孩，她平时少言寡语，上课很少举手。只要老师一请她发言，她就脸红。和朋友交往之后，她克服了羞于言辞的心理。我曾专门问过她的朋友的家长，问林同学在他们家的表现如何。家长说："刚来时她讲话不多，声音也小，后来胆子逐渐大起来了。她很会讲，讲话口齿清楚，也很有礼貌。"家长还说，有一次她从我家走的时候，说了一句令人十分感动的话："阿姨，您什么时候到徐州去，我带您到云龙山去玩。"

到小朋友家里做客是锻炼孩子口才、培养他们敢说话的最好课堂之一。对于那些羞于言辞的学生，我是把到朋友家里要说的话当作作业来布置和检查的。检查的方法很简单——问家长、问他们的朋友就可以了解。至于接待到家里来做客的朋友，就更要主动、热情了，否则客人会感到心凉。但由于是在自己家里，胆怯的心理少得多。倘若活动中要向朋友介绍什么（比如当导游），就得落落大方，口齿清楚。否则人家听不清也听不懂。

学生姜同学的妈妈向我讲了一件事：有一天（那时姜同学上三年级）姜同学和邻居家的两位女孩出去玩。有一位小朋友闹肚子想上厕所，可又没带卫生纸。姜同学请她到旁边的商店去向一位正在营业的阿姨要。两位小朋友都不敢去。于是姜同学一个人走进商店里，有礼貌地对营业员说："阿姨，您好。我的小伙伴肚子不好，想上厕所，可是我们没带卫生纸，又没有带钱出来，您能借我们几张纸吗？"

该营业员一看小小的孩子这么会说且很有礼貌，高兴地说："有，有。"说完将卫生纸递给了姜同学，姜同学向阿姨道了一声"谢谢"，连忙把纸拿给了同来的小伙伴。

如果姜同学也像那两位同伴一样羞于表达，岂不糟糕了？

五、组织、指导学生给报刊投稿

现在，为中小学生办的报纸、刊物越来越多，许多报纸都开辟了学生作文专栏。这是一件好事。为学生开设了那么多发表文章的园地，有力地推动了作文教学，调动了学生写作的积极性。我从上初中开始，就梦想把自己的名字变成铅字（那时印书、印报都是铅字排版），可当时没有一份为中学生办的报纸和刊物。梦寐以求，变为努力以求。孜孜不倦地追求，终于成为现实。当第一篇文章在报纸上发表时，用上所有形容高兴的词都不足以表达出我那种喜悦之情。文章求发表，是每个喜欢作文的同学的愿望。因此，我十分关注各种报刊办的小学生作文专栏（园地），留心各种为小学生办的报纸、刊物，特别留心他们举办的各种作文比赛，发动、组织、指导学生投稿。

投稿多数是自行命题的作文。这拓展了学生的写作空间，学生写作文时就不再受材料制约。这时，我并不过多地启发学生，只请学生注意阅读报刊上发表的学生作文，让他们去悟。读完悟完后学生们至少可以举一反一，人家写猫他写猫。也有举一反三的，人家写爸爸他写表弟。读的过程，就是启迪思维、拓展思路的过程，就是开窍的过程。

参赛作文，实际上是命题作文。学生必须认真阅读参赛的要求，认真审题，明确选材范围、写作中心。这对学生是一种锻炼。在动员学生参赛的时候，我常常给予指导（因为有统一的要求），一般情况下，都要批改或者提出修改意见（面批，让学生自己改）。

每次参赛，对参赛的学生都是一次锻炼。要知道，一篇好文章，不知要修改多少回才能成形。每修改一回，对学生都是一次提高。我告诉学生，每投一次稿，都是一次锻炼，"不积跬步，无以至千里"。接着，我讲了自己的投稿经历和体会。我说："从初中到现在，我的退稿已积满了一大箱子。直到现在，我写的好多稿子照样被编辑部退回来，但我从不气馁。每接到一次退稿信，都是对我的一次推动，它告诉我：还得努力。"

自由投稿（非比赛性的），大都是写作能力强的学生自愿参加，而参赛作文我则尽量多动员学生参加，但对那些写作能力一般的学生，也就不去动员了。

我带的两个实验班有不少学生的文章发表或获奖。学生每发表一篇文章，不仅对他本人是极大的鼓舞，对全班同学也是极大的鼓舞。"人家能行，我也能行！"每次我在全班学生面前读完学生发表的作文后，总忘不了这么说。我不放过任何一次激励学生的机会。

发动、组织、指导学生给报刊投稿，使学生感到这是一种需要——报刊需要稿件，希望广大学生投稿；要举行作文竞赛，要求大家参加，这不是老师提出来的。这样一来，作文就成了言语交际的需要，不再是应老师之命题而作文了。

投稿，要靠老师的鼓动，对小学生来说，投稿很大程度上是老师的帮忙。学生的作文一旦发表，它的激励作用是不可估量的。学生有可能由此而热爱文学，将来成为作家也未可知。

（于永正）

范本课堂

寓说写训练于活动、交际之中
——言语交际作文《认识苹果》课堂实录及评析

一、备课历程

大自然中有着无穷无尽的奥秘，我热爱大自然，也希望我的学生热爱大自然。带领孩子走进大自然是我开展得最多的活动。下面介绍 1989 年秋天我开展的一次认识苹果活动，以及在活动中，我是如何安排说、写训练的。这次活动已由中国教育电视台拍成教学片播放。活动大体分为以下几个步骤。

第一，宣读开展认识苹果活动的通知，组织学生座谈注意事项，写保证书，并向家长转述活动通知（主要是开展活动的时间、地点、注意事项及要准备的东西等）。

第二，到果园参观，请农艺师把学生带到红星、金帅、倭锦、红玉、小国光等五种常见苹果树下，分别从形状、颜色、大小、品质（是甜是酸、水分是多是少、吃起来是脆是面等）、成熟期、类别等方面向学生一一作了介绍，并请学生品尝。直到每个人都能准确地从几种苹果掺杂在一起的苹果堆里拿出农艺师指定的苹果时，活动结束。临走时，每人买回一包苹果（介绍的几种苹果里面都有），并要求学生回家向家里人介绍这五种苹果的特点，直到弄明白为止。

第三，筹备苹果展览会。每人带五个苹果当展品（每个品种带一个），全班分五个组，每个组为一种苹果写一份说明，届时放在展品旁边。训练讲解员，每个组把所介绍的苹果特点熟记于心，并练习接待参观的同学和老师的礼貌用语，要求做到口齿清楚，态度大方，说话得体。

第四，一切准备就绪，指导学生写海报，张贴于校园内，并通过广播告诉全校师生何时、在何地举办苹果展览，欢迎全校师生以班级为单位前来参观，以及参观时的注意事项。

第五，举办展览会，全班同学分别为前来参观的师生当讲解员。

第六，为报社写通讯报道，并为报纸拟发的一张照片（一位学生为参观者讲解的照片），写一段说明文字。

这次活动，我一共安排了四次说的训练（座谈注意事项，向家长转述活动通知，向家里人介绍五种苹果的特点，当讲解员），五次写的训练（写保证书、说明书、海报、报道和照片说明）。这些说、写训练都是活动的有机组成部分，是活动本身的需要，是活动本身要学生说，要学生写，是现实的言语交际。这样的说、写有一种内驱力，所以学生特别认真积极，说和写的质量也特别高。

下面是其中两节课的课堂实录（浙江教育学院汪潮教授评析）。

二、课堂回放

写保证书，转述通知

师： 同学们，还记得阳春三月，我们到徐州果园赏花的情景吗？我们漫步于粉红色的桃花、雪白的梨花、略施粉黛的苹果花中，那么令人心旷神怡，那么令人陶醉。春华秋实。转眼秋天到了。秋天的果园，硕果累累，一片丰收的景象。告诉大家一个好消息：星期六上午我们到徐州果园参观，请园艺师为我们介绍几种常见的苹果。（学生热烈鼓掌）不过，我到果园去联系的时候，人家对我们有点不放心。我想也是，果园可不是一般的去处，万一有哪个同学这个（做了个摘苹果的动作），我怎么向果园的人交待呢？（笑声）

生： 于老师，您放心，我们保证不摘人家的苹果！

生： 于老师，您还不相信我们吗？我们向您保证！

师： 口说无凭。

生： 我们写下来！行吧？

师： 当然行。我们学过怎样写保证书，再说，有些同学曾经几次向班主任写过保证书，熟练得很。（众笑）学过的知识和本领今天派上用场了。写吧，谁写得好，就让谁去。

（学生们以少见的认真态度写保证书）

[评：心理学研究表明，学生的学习行为是由动机引起的，动机又分外在动机和内在动机，只有内在动机才能产生积极的学习活动。"要我写"是外在动机的表现，"我要写"是内在动机的反映。这里，教者从小学生的需要出发，层层递进，步步深化，有效地激发了内在动机，出现了少见的认真态度写保证书的局面。]

师：请停下来。有的同学写得不错，也有人写得不大符合要求。我请两位同学读一读。

生：（读）保证书。一、到了果园，我保证遵守纪律，不摘苹果。二、保证认真看，认真听园艺师讲解……

生：（读）保证书。星期六上午我们到果园参观。为了让果园工人放心，使这次活动顺利进行，我保证做到以下几点：一、严格遵守纪律，不乱跑，不下队，爱护果园里的一草一木，不摘苹果。二、不讲话，认真观察，聚精会神听园艺师讲解，并认真记录……

师：听了这两位同学读的保证书，同学们一比较，一定发现了问题。

[评：比较是思维的基本过程，通过比较发现差异，找出缺点，进而补偏救失，符合小学生的心理特点。]

生：第一位同学开头少了几句话。

师：对了。开头一定先扼要地说明一下，为什么写保证书。凡是没写的，请补上去。参观的时候，要注意哪些问题，要尽量考虑全面一些。

（学生继续写）

生：（站起来）报告！于老师，孙同学看我的！

师：看你的？人家是在向你学习，没关系。（笑声）因为一个人考虑问题总不会那么周密。（几个写作能力较差的学生左顾右盼，有的干脆抄别人的。）

师：看来"政策"不能放宽。（笑声）可以参考同学写的，但不能照抄。（走到一位男学生跟前）你抄了同桌的几条？

生：（不好意思地）我只抄了一条。我怕写不好，您不让我去。

（众笑）

师：这样吧，前后左右的同学讨论讨论，交换一下意见，然后再写。

（学生热烈讨论，交换意见。）

［评：在学生抄袭（其实是学习发生困难）的情况下，教师迅速组织学生之间的讨论。通过交流扩展思路，相互启发，突破难点。这样的设计很高明！而且学生之间的讨论比学生与教师之间的讨论效果更佳，这是同伴群体交往的积极效应。］

师：这回一定写得不错了。谁写好了？请到前面读读好吗？

生：（走到讲台前读）保证书。星期六上午我们到徐州果园参观。为了使参观活动顺利进行，取得圆满的结果，我保证做到以下几点：一、参观的时候认真看，认真听，认真记。二、爱护果园的一草一木，不摘苹果，时刻记住自己是一个少先队员。（师插话："大家都记住这一点，自觉约束自己。"）三、上车下车做到有秩序，上车不抢位。（师插话："'做到'二字可画掉。"）说到做到，请老师和同学们监督。保证人：××，9月14日。

师：这份保证书内容写得不错，格式也正确。其他人还有补充吗？

［评：这个问题问得适时，问得自然且有价值，增强了思维的丰富性，保证了写作的完整性。］

生：我再补充一点：园艺师讲的时候，如果有不明白的地方要及时问，要做到有礼貌。

师：这条加得好。

生：参观的时候，不要一个人乱跑。

师：有道理。你想，如果你一个人跑去做了违反保证的事，又有谁知道呢？（众笑）

生：在两排果树之间还种着庄稼，要注意不能踩坏。

师：看来，你去过果园。同学们，每人把写的保证书抄在一张纸上，然后贴在"学习园地"里，一来互相学习，互相监督；二来也算一次作业展览。

写照片说明和报道

师：上个星期六下午，我们成功地举办了一次苹果展览。让我们回过头来看一看，取得成功的原因是什么？

生：成功的原因很多，有我们的功劳，也有老师的功劳。

生：主要是老师的功劳。

师：不对。参观的老师和同学交口称赞同学们讲解得好。为了当好讲解员，大家付出了大量的精力。说说你们是怎样认真准备的。

生：为了当好讲解员，我回家对着镜子练。（笑声）

师：手里拿小棍了吗？（笑声）

生：我一手拿着小棍，一手拿着一个苹果讲，妈妈说我着魔了。（笑声）

生：我还把同院的两个小孩请到家里来，讲给他们听。

［评：课堂教学向课外活动扩展，这是学生高度的自觉性、积极性的表现，是教学成功的重要标志。］

师：真没想到，同学们这样认真！付出了这么多的劳动！

生：我妈妈听说我要当讲解员，就让我讲解给她听。她要求比电影导演还严呢！一个字没说清楚都不放过。

师：真得感谢你妈妈呢！这次展览会的成功，也有家长的一份功劳。总之，这次展览取得成功，是与同学们的努力、各方的支持分不开的。我们之所以说展览取得了成功，是因为达到了我们的预期目的。我们举办苹果展览的目的是什么？

生：让同学和老师认识几种常见的苹果，认识了，买的时候就可以按自己的喜好挑选品种，并选择品质好的苹果。

师：准备的过程，对我们自己也是锻炼，使我们学到了不少东西。想一想，我们自己有哪些收获？

生：我们学习了写说明文章，写海报。

生：学习当讲解员，锻炼了我们的口才。

师：不知同学们注意到没有，我们举办展览会的那天下午，有一个《徐州日报》的摄影记者。他从拍的照片中选出了一幅，准备在《徐州日报》上发表。（说完，从提包中取出一张照片请同学们看。照片上一名女同学正在向参观的人讲解。）这位记者请我们为这张照片写几句"说明"。另外，还要求我们为报社写篇报道。（板书：报道）连同照片一块在报上发表。怎样写通讯报道呢？（1）要把时间、地点交代清楚；（2）展室布置要略加描述；（3）写清接待了多少人；（4）写出举办展览的意义，这是重点；最后交待一下举办成功的原因。题目就叫做"记鼓楼小学四年级一班苹果展览"。（板书：记鼓楼小学四年级一班苹果展览。）

（全班同学写，老师巡视。）

师：开头很重要，也比较难写。我发现有几个同学写得很有特色，现在请几个同学读一读自己写的。题目不必读了。

生：（读）9月24日下午，鼓楼小学四（1）班在校阅览室举办了一次别开生面的苹果展览。苹果是一个大家族，有几十个品种呢！举办这些展览的目的，是为了让同学们认识几种常见的苹果。展厅布置得美观、大方。黑板上写着……

师：这位同学先交代举办展览的时间、地点，再写举办展览的目的，下边看样子要写展厅的布置。写得不错。再请同学读一下开头。

生：（读）为了使广大师生认识几种常见的苹果，9月24日下午，鼓楼小学四年级一班在校阅览室举办了一次苹果展览。展览室的黑板上写着"苹果展览"四个醒目的大字。旁边画了一棵结满了累累硕果的苹果树。（师插话："这句话应改为'画了一棵硕果累累的苹果树'。"）桌子上铺着浅蓝色的桌布，上面整齐地摆着红星、红玉、金帅、倭锦、小国光5堆苹果。几瓶鲜花放在苹果中间，（师插话："花瓶不是放在苹果中间，而是放在5堆苹果之间。要表达准确。"）把整个展览室点缀得更美了。

师：这两位同学写的开头都不错。写作有困难的同学可以借鉴，但不要照抄。请接着往下写。

（待学生写好后，于老师当众评改了两篇。）

师：现在请同学们考虑一下，怎样为这张照片写几句说明。（说完，又将照片举起让大家观看。）如果没有说明，读者就不知道是谁，也不知道是在干什么。现在大家想一想，这个说明该怎么写。

生：鼓楼小学四（1）班9月24日成功地举办了一次苹果展览。同学正在向小朋友介绍金帅苹果。

生：如果这幅照片和我们写的报道一起发表，第一句话可以不要。

师：有道理。但是，如果单独发表呢？单独发表诗人怎样写说明？

生：如果单独发表，就必须多写几句，把时间、地点还有目的都写上。

师：也就是把我们刚才写的报道概括、浓缩一下。写写看，看谁写得既简练又全面。这个要写好也不容易。

（学生写。师指名读。）

生：（读）鼓楼小学四（1）班9月24日在本校阅览室举行了一次苹果展览，受到广大师生的欢迎。图为同学正在向参观的小朋友介绍金帅苹果。

生：办展览的目的没写。

师：这一句要加上去，加在开头。同学们把写的报道、说明，一起抄在作文簿上，我从中各选一篇寄到报社。

（后来，《徐州日报》发表了同学们写的一篇报道，还有一张照片和照片说明。）

三、课例评析

教师用五个课时组织这一单元的教学，很有特色，值得研究：（1）围绕苹果，从写保证书、转述通知书到写说明文、练习讲解，再到写海报，最后为照片写说明、写报道，组成了层层紧扣的知识系统。（2）整个教学环节加强了听、说、读、写、做等多种技能的反复训练，使其有机结合。（3）丰富多彩的教学活动组成了一个前后衔接的教学体系，体现了最优化的教学结构。

寓说写训练于活动、交际之中是言语交际表达训练的基本训练方式。"认识苹果"已由中国教育电视台拍成短片，并多次播出，它给我们的启迪应是多方面的。

心有所感，不吐不快

——《考试》作文教学实录及评析

一、备课历程

朱作仁教授多次说过："作文教学要注意三个积累。生活的积累，感受的积累，语言的积累，三者缺一不可。"同一班学生参加了同一项活动，为什么有人写得好，有人写得不好？写不好的原因之一就是没有感受，或者说感受不深。

感受来自对生活的思考。比如说参观菊花展，光看不行，还得会思考。这种菊花为什么叫玉佛座？佛座是什么？自然会想到，佛座是莲花宝座，再仔细观察，这菊花多像白莲花呀！难怪人们给它起了一个这么富有诗意的名字啊！——这就叫思考。这样的观察才叫真观察，通过思考才会有感受。如果再引导学生注意菊花以外的世界，寒风遭咫，万木凋零，那么对菊花的感受会更多、更深，写出的文章会更好。

这次习作——《考试》，就是让学生去感受。其实学生对考试已经很有感受了，因此，上课开始，我让学生以考试为话题，说说他们的看法和对考试的态度。学生各自发表了看法，这实际上是口语交际，口语交际是无处不在的，只要留心，它的切入点很多。

接下来的考试，目的是让学生有着深刻的感受。当学生有了较深刻的感受时，你不让他倾吐，他就会如鲠在喉，不吐不快。接下来，便趁热打铁——写。有了感受就会有感而发，这是这次习作体现的第一个理念。

要让学生畅所欲言，彰显个性，还得有和谐的教学氛围，让学生感到我是他们的大朋友。对话首先昭示的是平等、民主、尊重，不是形式上的你说、我说。这就要求老师要和学生做朋友。平等、民主，老师先要体现出来。否则，真正意义上的对话教学就不会存在，学生的潜能也难以得到开发，个性也难以得到张扬，课改也就成了一句空话。只有让学生感到老师是他们的大朋友，才可能构建和谐的课堂教学，这是我努力体现的第二个理念。

二、课堂回放

（于老师笑容可掬地走上讲台）

师：同学们，我姓什么？叫什么名字？

生：（全体）姓于，叫永正。

师：（板书：于永正）这是我的名字。我来自江苏徐州，是一位小学教师。怎么称呼我啊？

生：（全体）于老师。

师：称呼我于老师是表示对我的尊重。还可以怎么称呼我？

生1：还可以叫您于爷爷。

师：握握手。叫我于爷爷，说明他把我当作亲人。还可以怎么称呼我？

生2：于伯伯。

师：于伯伯，我一下子年轻了，降了一辈，由爷爷变成伯伯了。（笑声）

生3：那我就再叫亲切一点？永正叔。（生笑）

师：握握手！啊哟，多像我的侄女呀！有没有敢叫我于永正的？（几秒钟后）

生4：于永正好！

师：我是说谁敢叫我于永正。

生5：于永正！

师：到！在下便是于永正！（笑声）同学们，他叫我于永正，说明他把我当作他的朋友。名字就是个符号，是给人来叫的。叫我于老师是表示对我的尊重，叫我于爷爷、于伯伯，是把我当作他的亲人。现在我们可以上课了吗？

生：（齐声）可以！

师：据我所知你们学校特别重视阅读，同学们读了大量的课外书，背了好多古诗。最近，我得到一张试卷，据说是一位非常有名的专家专门给六年级的小学生出的。专家说，这张卷子可以测试你们的知识掌握得怎么样。如果你做得很好，就说明你的知识很渊博。（板书：知识渊博）我认真地把这张卷子看了一下，发现这张卷子并不难，特别是对你们学校的六年级同学来说，那是张飞吃豆芽——小菜一碟。我看在座的都可以做出来，都可以证明自己是知识渊博型的小学生，不知道同学们对考试有什么看法？你们愿不愿意测试？

生：愿意。

师：有不愿意的吗？

生1：老师，我不想考试，考试太多了很累。

师：嗯！她讨厌考试，考试给她带来很大的负担。（问另一名举手的学生）你呢？

生2：说实话，每个学生都不是心甘情愿参加考试的。可是仔细想想，考试好像对我们也有益，所以我有点愿意，有点不愿意。

师：握握手，说了真话。她对考试作了认真的分析，非常有道理。我就猜想你们当中肯定有又想考试，又不想考试的。你呢？

生3：其实我们都不愿意考试，是尊敬您，为了给您面子，所以我们才说愿意考试。（生笑）

师：是为了给我面子才说愿意考试。真好！有时候，是要给别人面子的。有愿意考试的吗？

生4：我愿意考试，因为我觉得平时自己在班级里是读书比较多的，我想测试一下自己的知识是否渊博。

师：噢！她想证明一下自己，很自信。你呢？

生5：我是愿意考试的，虽然说我是打灯笼上茅房——找死，（生笑）但我家是开书店的，我阅读的书也比较多。其实我觉得重要的不在于成绩，而在于参与，所以我愿意！

师：握握手！虽然你引用的这个歇后语不好听，但是这个歇后语能说明问题，有意思！而且，我赞同你说的观点，过程比结论更重要。

你呢？

生6：我也是比较愿意考试的，虽然我的知识不是特别渊博，但是我觉得考试也可以测试一下自己。如果现在知识已经比较渊博，也要继续学习；如果不渊博，今后就要更加努力学习。

师：这种态度好。听见没有？证明一下自己，如果真的知识渊博，对自己就是一个鼓励，增强自信心。你呢？

生7：我既喜欢考试，也不喜欢考试，喜欢的是那种另类的考试。

师：另类的？什么意思？

生7：比如考的是课外知识而不是课内知识。因为课内知识要死记硬背，比如默写，而课外知识只要你掌握了就行，所以我不喜欢考课内的知识点。

师：这位同学的话对我很有启发，作为老师一定要思考你的意见。但是课内的知识该记的还是要记。知识的获取，特别是学习语文，就要多读课外书。这一点我很赞同。好的，最后一个。

生8：我愿意考试，因为我在一本书上看到这样一种说法："考试并不是目的，而是一种手段。"我们可以在考试中得到一些启发，从中知道哪些知识我们已经掌握了，哪些还没有掌握。

师：多会分析问题，头脑多冷静！我听了你们的发言，觉得你们都很好。你们对考试的看法，对考试的分析，对于老师都有很大的启发。我可以断定，你会考好，你们的知识都是渊博的。咱们下面考一考好不好？即使不愿意考的，不妨试一试，行吗？

生：（全体）行。

师：我有两个要求，第一，要细心；第二，要按要求做。（板书：细心　要求）记住一定要按要求做。细心到什么程度？把每个字都要看清，时间5分钟。

（发试卷，生赶紧做。）

师：好，时间到。（收试卷）成绩马上就可以公布了。（师边翻着试卷，边自言自语：怎么回事？坏了！真坏了！糟糕，糟糕！发现一个，终于发现一个！）咱们班谁叫赵一帆，请站起来。

师：赵一帆，请把卷子读一读。（投影仪投出试卷内容）

生：（读）知识渊博型小学生测试题。要求：先填写自己所在的学校、班级、姓名，再读读每道题，读后再做。一、写出你最喜欢的两首古诗的题目和作者。二、默写一首诗，不写题目和作者。（三至九题略——编者）十、读完以上各题，只做一、二两题。

（全场哄堂大笑）

师：白纸黑字，印得清清楚楚。赵一帆你请坐。全班只有赵一帆一人按要求做了。老师不是说了吗？第一要细心，把每个字都要看清楚；第二要按要求做。要求多明确啊！要求是先读每一道题然后再做。看到你们此时此刻的表情，我想你们心里一定有很多的感受。谁想说？

生1：我觉得出试卷的教授简直神了！他想到我们心里去了。一般我们拿到试卷就写名字，然后会一题题接下去做，他一开始就让先读一遍，然后再做。但我没按要求做，其他题目有诱惑人的感觉。

师：诱惑？你被诱惑了？是吗？你呢？

生2：我感觉好像被人当猴子耍了一样，（生笑）这么多都白做了，就因为最后一题没看清楚。我真不明白，那个教授为什么后面还要写，多浪费字啊！前面两题写出来不就行了吗？多简单，一下子就写完了！偏偏让我们看清楚全文。我以为下面还有，已经翻过去看了，可是最后一题没仔细看就开始写了，害得我白写了很多字。

师：那你现在最想用一句什么话来概括自己的心情？

生2：我好像被人给耍了。

师：哈哈！被人给耍了！用北京话说就是被人给涮了！这话很深刻呀！如果这个耍加上引号的话，你就会思考得更多！你呢？

生3：我觉得出这张卷子的专家就是您——于老师。

师：没错，我故意说是专家出的，你真有眼光！

生3：您本来就是一个专家。我是说，您设下的这个陷阱是够深的。

（笑声）

师：听见吗？他认为我设了一个"陷阱"，而且是很深的。（笑声）

生3：首先，您说要细心，要按要求做。一般考试的时候，同学们不会注意一个字一个字读，这就是我们的弱点，而您在最后写上只做前面的一、二两题，而且要求是在 5 分钟之内做完。这就让同学们产生了矛盾，就只能"哗哗哗"地做，5 分钟时间做不完怎么办？当听到您在阅卷时说"糟糕、糟糕"，同学们以为名字忘记写了，这就说明您太聪明了！（生笑）

师：我太聪明了！哈哈哈，感受很深刻。你呢？

生 4：我觉得像参加一次跑步比赛，快要到终点时突然被一块石头绊倒了；也像一群乌龟面对着火锅，一直在纳闷儿，该怎么吃呀，所以我觉得于教授出的这张试卷就像谢×（生 3）所说，陷阱太深了，要是同学们不细心按要求做，真的会考不好。

师：不仅考试要按要求做，做其他事情都要注意要求，因为做任何事情都有它的要求和规则。好！你说！（指生 5）

生 5：我曾在网上看到一个公司在招聘时也出过这样的试卷，结果许多人都落聘了。当时我觉得那些人好笨呀！他们为什么会不看清楚再做呢？现在自己也犯了这样的错误，我觉得自己也好笨呀！而于教授您好聪明！您利用人的惯性思维来给我们编这样的试卷，我非常敬佩您！

师：我利用了多数人的思维习惯。

生 6：刚才同学们几乎把我的想法都说完了，可是我还是有话要说。我忽然想起昨天我们的语文老师跟我们说的话。他说，明天给我们上课的是一位很有名的老师。现在我才知道，您这位老师有名在哪里啦！您知道学生心里在想什么，而且您刚才说有两点要求。一是要细心，二是要看清题目的要求。因此，我觉得您说的这几句话完全是在引诱我们走进陷阱。

师：不！我是真的在提醒你们要按要求做，恐怕你们上当，怎么反而说我的陷阱越来越深呢？（生笑）

生 6：也许于老师您没有注意到，您刚才要求 5 分钟内做完。我们就在想，既然只有 5 分钟，那就只能快点做，根本不会花时间看后面的题。如果是平时的考试，我都会把题大致过一遍再下笔，因为平时考试时间足够。可是现在您只给 5 分钟时间，所以我们不会去读下面的题目。谁知道您说的要细心、要看清题目的要求是在后面！所以我觉得于老师您真的好聪明！利用了我们的心理。出题都出得这么妙，怪不得别人说您书教得好！

师：是吗？我题目出得不够妙，是你的话说得妙！出口成章，如果把你刚才说的话记下来，就是一篇不错的作文！（赞叹声）

生7：我现在觉得后悔莫及，我怎么没有发现于老师您这么阴险狡猾？（生笑）

师：听见了吗？他说我阴险狡猾。

生7：于老师您设下的陷阱是环环相扣的，您首先是提醒大家要细心且按要求做，然后又要求大家在5分钟内做完。其实试卷发下来时，我是看见后面第十题写了"只做一、二两题"的。

师：你既然看清楚了，为什么不去做呢？

生7：因为我看题目有十题，又说只做一、二两题，当时只觉得有点莫名其妙，没有多想就稀里糊涂地做了下来。

师：哈哈！搞不大清楚就稀里糊涂做下来了！要说的同学太多了，这样吧，下面我请赵一帆来说一说。

生8：我和大家一样也觉得老师的陷阱挖得比较深。也许有人认为我比较聪明，其实不是我比较聪明，我只是听清了老师的话，于老师提醒我们要细心而且要看清每道题的要求，我当时就想老师肯定是有陷阱的。

师：噢！警惕性挺高的。（生笑）

生8：还有，我平时做试卷一般都会先把整张试卷的题目都看一下。

师：噢，你有一个好习惯！

生8：我觉得我们班同学都挺聪明的，为什么这次都没有看到最后一题？为什么除了我之外其他人都没看最后一题的要求呢？很奇怪噢！（生笑）

师：大家很有感受，考试之前有想法，考试当中也有想法，考试之后感觉更多，刚才都是有感而发。想不想写卜来？什么叫作文？作文就是有感而发，把看到的、听到的、自己很有感触的事和现象动笔写一写，在这种情况下写成的作文，一般都具有真情实感。如果这件事你确实感受很深，那你一定会把作文写好，真正的好作文不在于字数多少，只要把你想说的话说出来，把你想表达的意思说清楚了，都是好作文。如果你想写这次考试的过程，那是记叙文；如果先把这件事简单说一下，然后说说自己的感受，就是议论文。现在请大家拿起笔来，就今天这次考试，把你最想说的写下来。你准备先出个什么题目？

生 1：智者千虑，必有一失。

师：好题目！还有别的题目吗？

生 2：都是您这个老狐狸惹的祸。（生大笑）

师：哇！在你面前，我变成了老狐狸！我相信这个老狐狸是加引号的。对吗？

生 2：是的。

师：如果加引号，我就接受；如果不加引号，我就要难受了！

生 2：加！

师：加引号，第一，我不是老狐狸。第二，我不是在骗你。我一再说大家要细心，把每一个字看清楚，一定要按要求做。为什么你不按要求做呢？那到底怪谁呢？

生 2：怪我这支笔！

师：除了怪这支笔，还应该怪什么呢？（指指该生的脑袋）这就找到根源了，既不怪我老狐狸，又不怪这支笔，而该怪自己的大脑，请你写下来？用"到底怪谁？"作为题目好不好？同学们，题目是文章的眼睛，有人说，好题文一半。什么意思呢？有个好题目，文章就成功了一半，记住了吗？有话则长，无话则短，把你们真实的感受写下来，写吧！

（生习作，师边巡视边个别指导。）

师：写完了的同学，我送给你们一句话："再念，再念，再念。"（老舍）有人请教老舍，怎么改作文？老舍先生说："再念，再念，再念。"什么叫念呢？出声音读作文。这样就会发现自己作文的毛病，但是不要理解为只读三次，而是反复念。如果你写好了，为了不影响大家，可以轻声念，这是修改作文的方法。写好的同学请按老舍的方法修改，好文章是改出来的，文章不厌百回改。

师：下面我们交流一下，好吗？交流的时候要注意倾听，学会倾听。因为任何人的作文，只要你听了，都会对你有帮助、有启发。学会倾听，对一个人来说是非常重要的。谁来读呢？我想请一位同学来读。（指定一女生走到讲台前）

师：（师在该生耳边嘀咕了几句）请你指定一位不喜欢作文的人读。（生犹豫）

师：指定一位平时跟你过不去的男同学。（笑声）

生：平时跟我过不去的男同学多着呢！

师：女同学也行！

生：还是男同学吧！让我看看！

师：看看谁不顺眼。（笑声）（被指定的一男生走上讲台）

师：平时得罪她了吗？

生：我没有得罪她，是她乱讲。（生笑）

师：等会儿，你要感谢她的，因为她给了你很好的展现自己的机会，喜欢作文吗？

生：还成。

师：还成，说话很有分寸。这一次作文写完了没有？

生：写完了。

师：来！读一下。

生：题目：智力陷阱。

师：听见了吗？是智力陷阱，不是一般的陷阱。多好的题目呀！读！

生：一张试卷，一个智力陷阱。这就是于老师出的试卷。于老师出的试卷主要是出其不意，就像耍猴。我们这群猴子，当然除赵一帆外，以为很安全，所以放心地被于老师引进他挖的不浅的陷阱。

师：同学们，很安全、很放心地掉进我挖的不浅的陷阱，这句话多富有诗意。这句话写得好，就这句话该加5分。继续读。

生：谁知他这是害我们！

师：害字加引号吗？

生：没有。（生笑）

师：大家说要不要加引号？

生：（全体）要。

生：我觉得主要是我们太轻敌。以为陷阱很浅，走过去没关系，所以放心大胆地跟着引导者——于老师走。

师：嘿，这个破折号用得好，跟着引导者——于老师走。继续！

生：被牵进陷阱，还以为不但会顺利过去，而且会被称之为勇者。谁知这是白日做梦。朋友，做事千万要三思而后行。如果草草了事，不但会被人骂，而且要赔钱。这钱可是血汗啊！

师：同学们听见没有？这钱可是血汗呀！继续！

生：不扯远了。就说近的吧。比如做作业，如果不做好，不但会被老师骂，也会被家长骂。

师：暂停！骂在温岭是不是批评的意思？

生：是。

师：那就好！（生笑）

生：看，如果不三思，要惹多少祸。最后一点，我要提醒大家，做于永正老师出的试卷，要百分之一百二十地仔细。（生笑）

师：这是教训，做我出的试卷要百分之一百二十地仔细。最后这句话好，虽然有点扯远了，但是中心明确，说明了不管做什么事，都该按要求做。这是一篇非常好的作文，形散神不散。起评分 100，再加 5 分，105 分！

生：谢谢老师！

师：请你再来指定下一个同学。（继续在学生耳边嘀咕。这次于老师要求指定一位作文写得好的人来读。）

生：那就找我的好朋友啦！

师：你的好朋友是哪一位？

生：钟可歆。

师：读，什么题目？

生：粗心的惩罚。

师：粗心的惩罚，粗心可以惩罚我们的。好题目！

生：歌手刀郎不是唱过一首歌叫"冲动的惩罚"吗？现在我没有感受到什么是冲动的惩罚，却感受到了什么是粗心的惩罚。

师：哎！（生笑）这个写法好呀，由别的事说到了今天这个事，这叫什么写法，大家明白吗？这个写法是很高明！读！

生：全国名师于老师来给我们上一堂作文公开课。在位子上我就思考，老师会让我们写什么呢？是"公开课"还是其他什么？是不是要列提纲呢……总之，我的想法就是：一定是有关公开课的！一般来说，上作文课是让同学们先说从几个方面写、注意什么，等等，再让同学们写。可是，于老师居然说要考试，什么知识渊博卷，作文课开课却要考试，真是大姑娘上花轿——头一回。

师：嗯！这个歇后语好听呀！比刚才那个同学说的好听多了。（生笑）很生动！因为这个歇后语加 5 分。

生：当时，大家心里都不停地喊苦，可表面上都点头说好，我哭丧着脸想：好好的考什么试啊？好不容易双休日了，又考试！考不好又得竹笋炒肉！

师：嗯嗯，停下来，竹笋炒肉是什么意思？

生：就是用竹片打屁股。（生笑）

师：是我们当地流行的吗？

生：嗯！

师：这个比喻好！再加 5 分。

生：当试卷发下来后，我看都没看就先写上姓名。这时，于老师又说："限时 5 分钟"，我一听，"刷刷刷"下笔如流水，就稀里糊涂地写了大约 5 题，当做到"中国四大发明是什么"时无论我怎么想，都只想出了 3 个，我心里那个急呀！考试考不好啦！偏偏于老师又说："停！交卷！"我们大家都"啊"了一声，不情愿地把试卷传了上去，同学们都埋怨自己速度不够快。你猜结果怎么样？这试卷最后居然写着："读完以上各题，只做一、二两题。"而我们班只有赵一帆过了这一关——细心关。

师：停下来，这里有一个词用得好？"居然"这词最能表达当时的心情。加 5 分，用词准确。继续读！

生：我心里那个气啊，于老师再三提醒我们要按要求做，要细心。可是我当时想："这很正常。大多数老师在我们考试前都会说这类话的。"谁会想到这是一次另类考试啊！在后悔之余，我又想到了一个问题——中国的教育。你们说这次考试难吗？一点也不难！可是为什么全班只有 1 个人做对了呢？这是因为不够细心。如果把这份试卷给全校的同学做，我猜有 10 个人能做对已经很不错了吧！这说明中国的教育是死板的。这种死板的教育很容易让学生养成粗心、考试之前不审题的坏习惯。

师：批评我们老师啦！很深刻，我代表老师，至少我自己接受同学的批评，我好好反思！

生：如果中国的教育注重素质、心理、习惯的培养，我坚信这次考试所有人都会过关的！今天给大家提个醒，粗心的惩罚比冲动的惩罚还要厉害。

师：起评分是 120，再加 15 分，一共 135 分。（生笑）

师：你有什么话跟我说吗？（生笑）

生：有。首先，听您的课我感到非常荣幸，其次，我觉得这次考试肯定是我们人生当中最难得且最难忘的一次考试。

师：祝贺你，掌声！下面请蔡佳枉同学读一读。

生：于老师，我来拿话筒吧！我看你拿着挺吃力的。

师：（面对听课的老师）老师们啊！这就是素质！她见我拿着话筒挺累的就自己拿，多懂事的孩子！

生："到底怪谁"。我真的好后悔，于老师这个"老狐狸"（解释："加引号"，笑声）给我们出了一张卷子，最后一题居然写着：读完以上各题，只做一、二两题。害得我看也没看最后一题，就做到第三题。我到了这地步，只有在陷阱里大叫后悔了，不过仔细想想，这到底怪谁呢？第一，这份卷子我做错，是因为自己没看清要求造成的；第二，"于狐狸"（加引号）一开始也提醒过，要看清楚题目要求，问题还是在我自己；第三，于老师也没做错什么，只是在卷子上设了个陷阱，把题目出得另类了点，卷子是我自己做的，又不是于老师写的，我干嘛怪他呢？

综合以上三点，我得出一个结论，于老师没有错，怪只怪我自己太粗心了。如果说于老师是只狐狸的话，那么他就是聪明的、老谋深算的狐狸，而我们不就是由于粗心而误入陷阱的兔子吗？如果老师们都像于老师这样，那我们岂不都是很聪明的学生了吗？总而言之，干什么事都不能急于求成，要细心才能干好事。（插白：我还没写完）

师：话还没写完，但这已经够深刻的了！

生：于老师，我还想说一下。

师：说。

生：其实，我在班里的习作水平只是一般。我只不过口头表达能力好一点，说得好听一点而已，平时只是有勇气爱发言，其实这回您真的高估我了！（生笑）

师：这回，我又进入了一个陷阱。（生笑）你说的能力和写的能力比较起来，可能说的更好一些，我也承认。你认识很深刻，很会归纳，你以后会更厉害的。我真的不是高估你了，你真的很优秀！

生：起评分是多少呀？（生笑）

师：135 分！掌声鼓励！

生：好朋友钟可歆，我跟你的分数一样高！（生笑）

师：对不起，想读的同学还有很多，下课的时间快到了。最后请赵一帆来读，看她是怎么写的。她的感受肯定跟大家的不一样。

生：我想先说个开场白，这是我们班语文老师经常让我们说的。

师：好！

生：我这一次的作文写得并不好。因为毕竟这一次我跟大家都不一样，心里有点紧张，而且这次作文时间也有点短，而我平时写作文所需时间比较长，所以这次于老师叫我读真的是抬举我了。希望老师多多给我指教，我很高兴得到老师的赐教。（生笑）

师：能用"赐教"一词，说明你的语文能力非同一般。读吧！

生：大家不要笑我。

师：大家喜欢你才笑。读吧！（生笑）

生：神话发生在我的身边。

师：神话发生在她的身边，题目好不好？加上5分，读！

　　生：今天，我到温岭上课，是全国名师于老师给我班上作文课，心情好激动！我在途中一直想象着老师的模样，他是高还是矮，是胖还是瘦？

　　师：是丑陋的还是英俊的？（生笑）

　　生：可一到台前，竟发现老师是个平易近人的老爷爷，而且奇怪的是一上课就给我们做试卷。于老师在考试前反复强调要细心，要看清要求，只有5分钟的时间。我一听，心想：老师肯定有什么陷阱设在这张试卷里，我做试卷时一般都会先审题。于是，我认真看了看所有题，结果发现最后一题让我们只做一、二两题，果然设有陷阱啊！想完我就动笔写起来。不一会儿，老师就收了试卷，我想，同学们应该不会被骗吧！可老师一边看试卷，一边连声说"糟糕、糟糕"，我的心又提到了嗓子眼儿，莫非中间又暗藏玄机？可老师说我是唯一看清要求并按要求做的人，其他同学都没按要求做，真是神话。哎！"按要求做"真的很重要啊！上课要按要求做，做试卷要按要求，几乎所有事都得按要求做，如果不按要求可能就乱套了！开汽车不遵守交通规则，那不惨了？审题是我平时的习惯，今天因为这个好习惯按要求完成了试卷。看来只要人人都按要求去做，神奇就会发生在我们每个人的身上。今天这堂课不仅使我明白了怎样写作文、做试卷，而且使我明白了做什么事都要按要求去做的道理。

　　生：老师，我结尾写得有点潦草。

　　师：噢！草稿可以潦草，只要自己能看懂就行。

　　生：是作文写得潦草，不是字写得潦草；当然，字也写得有点潦草。

　　师：噢！如果说潦草的话，那不能怪你，因为时间紧来不及思考。多可爱的孩子，非常懂事！140分！

　　生：老师您太高估我了，我只有几句写得比较好。

　　师：你不要太谦虚了，只要有一句写得好就值千金；一个字写得好也值千金。"春风又绿江南岸"一个"绿"字，就值千金了！掌声鼓励！

　　（另一生提醒：老师，您刚才忘加分啦，应该是145分。）

师：哦，对不起，你真细心。回校以后，大家修改一下，抄在作文簿上好吗？下课了，亲爱的同学们，咱们后会有期！（全场报以热烈掌声）

（于永正）

三、课例评析：真正意义上的教学对话

听了于永正老师的习作课，我想起了苏格拉底的一个著名的教育故事：

一天，苏格拉底带领几个弟子来到一块长满麦穗的麦地边，对弟子们说："你们去麦地里摘一株最大的麦穗来，只许进，不许退。"弟子们走进麦地，看看这一株，摇了摇头；看看那一株，又摇了摇头。虽然弟子们也试着摘了几穗，但并不满意，便随手扔掉了。他们总以为机会还很多，总认为最大的那一穗还在前面呢。直到苏格拉底大喝一声："你们已经走到头了！"弟子们才如梦初醒。

苏格拉底问："地里究竟有没有一穗是最大的呢？"弟子们说："肯定有。"苏格拉底点了点头："是的，但你们未必能碰到它。即使碰到了，也未必能作出准确的判断。""那么究竟怎样才能找到最大的一穗？""最大的一穗就是你们拿在手里的。"

弟子们听了老师的话，若有所悟：人的一生不正像是在麦地里行走吗？有的人见到了颗粒饱满的麦穗，就不失时机地摘下它；有的人则东张西望，一再地错失良机。当然，应该追求最大的，但把眼前的一穗拿在手中，才是实实在在的呀！我为什么想到这个故事？因为于老师的这堂课，与苏格拉底的这则教育故事有着相似、相通之处。

第一，他们都很重视让学生亲身去体验。苏格拉底是让学生去麦田里选择一株最大的麦穗，而于老师则是让学生参加一次另类考试。

于老师的体验活动设计得很巧妙，取得了很好的教学效果。全班除了一人的答案符合试卷的要求外，其余全都落入了老师预设的陷阱。

其实，让学生参加这次考试并非于老师的目的，让学生借此获得深刻的教训和新鲜的感受，从而引出写作的话题，这才是于老师的真正目的。

建构主义理论认为，学生是知识意义的主动建构者，而不是外界刺激的被动接受者。只有通过自己的切身体验，学生才能真正生成一些思想，有话要说，而且如鲠在喉，不吐不快。

言为心声，文为心声。学生有了强烈的表达欲望，习作课就成功了一半。

第二，他们在学生进行深刻体验之后，都不失时机地展开师生之间的对话。通过互动、交流、碰撞，以实现多种视界的沟通、汇聚、融合，从而建构、生成一些新的认识。

于老师这种对话式的教学，与长期以来形成的牵引式、灌输式习作教学是截然不同的。其根本区别就在于：后者强调的是应命作文，学生不可越雷池一步；前者强调的是自我体验、自我建构，我手写我口，我手写我心。因为强调的是自我体验，自我建构，所以学生作文千篇一律的现象不见了，我们看到的是一篇篇极具个性化的作文。单从题目看，就五花八门，有"智者千虑，必有一失""智力陷阱""粗心的惩罚""到底怪谁""神话发生在我的身边"……我们没有看到全班学生的作文，即以当众朗读的几篇作文而论，就能看出他们的观点不同，风格各异。但异中也有同，都非常充实，说的都是心里话。

苏格拉底还认为，美德是一种永恒性的和普遍性的知识，是可教的。任何人都可以通过教育得到改进或提高，成为一个有德行、对社会有用的人。于老师的这堂课虽是习作课，但我们却处处可以感受到，老师关注的不仅仅是学生的表达能力，还有学生的心灵。有个学生抱歉地说："老师，我结尾写得有点潦草。"老师则表示："草稿可以潦草，只要自己能看懂就行。"学生进一步坦言："是作文写得潦草，不是字写得潦草。"老师则体谅地说："如果说潦草的话，那不能怪你，因为时间紧来不及思考。多可爱的孩子，非常懂事！"从这段对话中，我们可以感受到学生在于老师的课堂里那种如沐春风的感觉。通过这一堂习作课，学生的收获绝不仅仅是写作能力上的提高，还有做人上的领悟。诚如一个学生在自己的作文中所说，"今天这堂课不仅使我明白了怎样写作文、做试卷，而且使我明白了做什么事都要按要求去做的道理"。教学对话绝不是一般意义上的交谈，而是意味着对话双方彼此敞开心扉，相互接纳。教师不是单纯的知识传授者，而是学生学习的伙伴。要让学生真正视教师为学习的伙伴，关键是教师要蹲下来看学生，要放下架子，走进学生中间去，这样才能在师生间建立起民主、平等、和谐的关系。于老师利用课前的短暂时间，跟学生聊了有关称呼的话题，看似扯闲，实则是师生间的一次心灵对话，通过这样的对话，拉近了师生之间的距离，营造出了一种平等、民主、和谐的对话氛围。

克林伯格认为，在所有的教学中，都进行着最广义的对话，不管哪一种教学方式占支配地位，相互作用的对话都是优秀教学的一种本质性标志。于老师的这堂课自始至终充溢着师生之间心路的沟通、视界的交融、个性的张扬、教学的相长，所以我说，于老师的这堂习作课是真正意义上的教学对话。

（徐州市教育局教研室　张　庆）

教学故事

通 信 作 文

我刚带第一个实验班时，一天，在市里召开的一次教学工作会议上，我认识了邳州运河师范附属小学的冯教导主任。我很想和该校两个实验班中的一个成为友谊班，搞通信作文实验。即两个班同性别的小朋友结为对子，成为朋友，在老师的指导下，定期通信。我把我的想法向运师附小的张庆老师说了。张庆老师听后非常高兴，认为很有新意，完全符合言语交际表达训练实验的宗旨。还说这将为言语交际表达训练开辟一条新的训练途径。张庆老师把我的意思同冯主任说明，立刻得到了她的赞成和支持。她当即把同来开会的运河师范附小一年级一班班主任吕玉兰老师介绍给我。吕老师对我的想法也表示赞同，答应回去以后立即把她班级的学生名单开给我。一切进展得很顺利。我们班每个学生都有了自己的朋友。因为我们班人数少，运师附小一（1）班人数多，不能一一对应，我们班有个别人便有了两个朋友。安排好了，我把朋友的名单寄给了吕老师。虽然学生们得到的只是朋友的名字，对其他一无所知，更谈不上有什么感情，但他们仍然很高兴。

我们商定，每学期通信4～6封，内容以语文课本中安排的作文内容为主，即把语文课本中的作文训练内容编织到信中去。通信只是一种形式，我们的目的不只是为了让学生学会写信，而是为了培养学生的写作能力。

指导一年级的学生写信真不容易，光指导写信封就用了整整一节课。那时还没有邮政编码，对信封的要求也不统一，还可以自己糊。我还指导小朋友糊过信封。糊信封成了手工课的内容之一，学生很感兴趣，有的还在信封上画上装饰画。

第一次通信是我们班先写的。内容是自我介绍——姓名、出生年月日、家住哪里、父母姓名、做什么工作，等等，并附了自己的一张照片。信的末尾都要求对方把自己的情况也介绍一下，也尽可能地寄一张照片来。

只一封信，就为两地的朋友之间架设起了一座友谊的桥梁。见字就如面了，何况还有照片呢！我班学生接到朋友的信，看到朋友的照片，都显得异常兴奋。每当邮递员把信递到学生手里时，那场面都令人激动。

那时，我们双方使用的都是江苏省编写的"注音识字，提前读写"教材，所以，在以后的通信中，我们写的大都是课本中作文训练要求的内容。

二年级上学期第一篇作文要求写一种植物，第二篇要求写一个人的外貌。我们第一封信写的就是一种植物。信的开头，一般都这样写："亲爱的朋友，你知道我喜欢什么植物吗？我告诉你，我最喜欢……"接着把这种植物的茎、叶、花（果）是什么样的一一写出来。信的结尾，我要求小朋友都写这么一句："亲爱的朋友，你喜欢什么植物？写信告诉我好吗？"因为我们要求写一种植物，所以对方就得写植物。他们在信的最后则向我们提出了这样一个要求："听说教你们数学的老师换了，这位数学老师是男的，还是女的？长什么模样？你喜欢他（她）吗？下次写信告诉我们好吗？"

这信中的一切，都是开学时，我和吕老师计划好了的，第一封信谁写，写什么内容；他们回信提到的换数学老师的事，也是我先告诉吕老师的。

当然，孩子是有思想的，各自有各自的情况，所以在信中，他们也经常写上自己的东西，比如写上自己对朋友的关心、自己对朋友的祝愿，向朋友表露自己的心事、袒露自己的烦恼等。到了高年级，私下通信的学生也不少。吕老师曾对我讲过这么一件事：有一天，她班的一位学生接到我班学生的一封信，信中说："今后，我们想写什么，就写什么，不一定非按老师的要求去写。你有什么事想告诉我，我有什么事想告诉你，咱们就写信。"孩子们大了，友谊深了，自有他们的话要说，有属于他们自己的一片天地。

通信作文，我们一直坚持到毕业。有些学生把朋友的信当宝贝似的珍藏起来。

进行第二轮实验时，我把这一做法保持下来。我们和郊区刘湾村小学的一个班结为友谊班，性别相同的两位同学结为朋友，定期互相通信。因为两所学校相距较近，搞的活动较多，所以第二轮实验写信的内容更广泛，效果更佳。

实践证明，这种有目的、有计划、有指导的通信活动好处很多。最明显的好处是，它大大激发了学生的作文兴趣。因为我们把作文训练纳入了现实的言语交际之中，每次作文都是生活中的一次现实的言语交际，使学生感到，是生活要我作文，不是老师要我作文，所以他们的积极性特别高。教育心理学指出："需要是个体积极性的源泉。"由于每次作文都使他们感到是生活的需要，所以他们就会有兴趣，会主动地、积极地去完成。每当学生接到朋友的信时，都乐不可支；读完之后，没有一个不乐意回信的。即使是后进生，也会千方百计完成。学生们写回信的那种认真劲儿，那种一丝不苟的态度，非常感人。是啊，谁愿意让朋友说自己的信写得不好呢？谁愿意让朋友说自己的字写得潦草呢？班级里没有一个人觉得作文是一种负担。通信活动促进了学生作文水平的提高。这是命题作文所无法比拟的。

写信，不仅有效地提高了学生的写作水平，而且起到了交流思想、传递友情、增强团结的作用，有利于培养学生高尚的情操。有的学生在信中告诫朋友："上学的时候，要走人行道，过马路要注意车辆，要走斑马线。"有的学生在信中提醒朋友："春天来了，你要多吃萝卜和大蒜，预防感冒和脑膜炎……"还有的学生在信中劝导朋友："你要多吃蔬菜，不要挑食……"读了这些信，我们仿佛看到了一颗颗纯真的童心。可见，通信活动的意义远远超出了作文练习的范围。通信也为学生提供了交流经验、互相学习的良好机会。读别人给自己写的信，不同于读一般的文章。信，本身就带有朋友的思想情感，带有朋友的关心、鼓励、期待、信任、友爱等丰富的情感因素，人在读信的过程中也会产生强烈的情绪体验乃至感情上的共鸣，因而对信的内容的理解特别深刻，对于对方叙事、状物、写人的方法，表情达意的技巧，体会得就会更为透彻，记忆也就会特别牢固。这样就能有效地达到双方共同提高的目的。也正因为这样，我和吕老师指导学生写信时，也特别用心、尽心。学生都不甘落后，我们当老师的当然亦不例外。

写信，是现实生活中、工作中最常见的交际手段之一，因而历来的语文教科书都把它列为重点训练项目。但是，以往的教学效果并不理想，不少人小学毕业了还不会写信。我认为，要让学生真正学会写信，一要教，二要练，三要用。其中用最为重要，要是学了不用，也就等于没学。这一点，恰恰是传统作文教学所忽略的。我带的实验班的学生都熟练地掌握了写信的格式。这是开展通信活动的又一好处。

我在作文指导上的示范

作文指导光靠学例文，靠老师讲是远远不够的。有的作文虽然可以让学生依葫芦画瓢，但画的毕竟是瓢，而不是葫芦。在这种情况下，就需要示范——写个范本给学生看看。特别是小学生作文刚刚起步，刚刚运用学到的新写作知识的时候，在他们遇到困难愁眉不展的时候，在学困生面对作文题感到一筹莫展的时候，恐怕没有比老师下水示范更有启发性、鼓舞性、指导性的了。

作文示范和其他示范一样，具有直接性和现实性，它可以直观且生动地告诉学生怎样运用语言文字表达思想感情和客观事物。

从 1978 年至今，我在作文教学中坚持写下水文，采取下水指导的办法，收到了较好的效果。

归纳起来，下水指导有这几种做法：

1. 对于难写的作文，备课时即下水，上课时指导，随着读下水文。学生对刚刚接触的事物和对虽已做过但"理还乱"的事，写起来往往会感到困难，如写游览、参观之类的文章。这时，我指导学生明确写作要点后，马上就读下水文，现身说法。这对于克服学生的畏难情绪，提高他们的勇气，激发他们的兴趣都有很大作用。

一次，我带学生到皇藏峪游览，回来让学生写《游皇藏峪》。学生听了指导后，一时仍不知从何下笔，于是，我给学生读了我写的下水文开头和描写山的一段内容，问学生听了以后有什么感觉，他们异口同声地说："好像又回到了皇藏峪，亲眼看到了那里的山一样。"

我说："那里的景物，你们感兴趣的一定很多，如险要深邃的皇藏洞、奇特的痒痒树、依山而建的瑞云寺、清澈见底的拔剑泉等等；你们也一定很乐意把它们写下来。谁能写得像我们亲眼看到的那样，就是成功的。"

这时，我发现面带愁容的学生，大部分眉舒目展了。

2. 学生在写作过程中，常常会遇到写不下去的情况。这时，我则审时度势，有针对性地选读下水文的有关部分，把他们引到"又一村"。如写《游皇藏峪》一文，有几个学生写完了皇藏洞，还想写瑞云寺，但不知要怎么转，怎么过渡。我巡视了一下，发现不少学生写的作文，段与段之间都不会自然过渡。于是，我读了我写的山与泉之间的过渡句：

"没来这里以前，有位来过这里的老师再三叮嘱我：'你们到了那里可千万别忘了看拔剑泉，那是刘邦一剑插进石缝里，用力一拔引出来的泉水。'"

读完后，我请学生评评这样过渡有什么好处，思考一下如果写别的景物，还可以怎样过渡。听了示范文，再通过讨论，学生们茅塞顿开。这时的示范，有明显的生发想象的作用。人的思维火花，往往就是被别人的一句话、一个问题激发出来的，抛砖有时确实能引出玉来。

对学困生，我则放宽要求，有时我把下水文交给他们看，允许他们仿写；刚接班时，甚至允许他们笔述我的文章内容。要承认差别。当学困生还不会走路时，老师应该先递给他们一根拐棍。

3. 较为容易写的文章，待学生写好草稿后再读"下水文"。这种方法我经常用。对较容易写的作文，题目给出后我一句话也不讲，先让学生尝试写。草稿收上来，我根据学生作文存在的共性问题进行修改或让学生重新写，然后再指导。这样做体现了"以学生为主体、老师为主导"的教学思想，有利于培养学生独立作文的能力。

有一次，我让学生写大扫除。大扫除对学生来讲司空见惯，但不少人却写得不具体。指导时，我从一篇草稿里选了这样一段有代表性的话，念给大家听：

"擦玻璃的同学行动很快，他们站在窗户上认真地擦，不一会儿工夫就把玻璃擦得干干净净。"

然后，我又念了我写的一段：

"'大扫除现在开始！'老师的话音还没落，擦玻璃的同学就出现在窗台上了，谁也没注意他们是怎样上去的。李玉伟先用湿抹布把玻璃擦了一遍，再用卫生纸擦，对难擦的小灰点，她就用手指甲刮。每擦完一块，她就跳下窗台，歪着脖子看看还有没有不干净的地方。有时，她还拉着别人帮着看呢！我走到她跟前表扬她说：'李玉伟擦得真认真！'她笑了，眼睛变成了一对小月牙，但嘴却抿得紧紧的。她身旁的曹敬云没有笑，但是我发现，她擦玻璃的动作却加快了。"

　　读完了，我让学生比较一下，这两段同是写擦玻璃的文字，它们有什么不同，老师写的好在哪里。由于老师和学生写的是同一件事，所以师生感情极易交融，学生听来特别亲切，几乎用不着老师讲，他们就会看出自己文章的毛病，悟出修改的方法。这种下水指导的优越性，是任何别的指导所不能比的。

　　下水指导，也不一定非读下水文不可。如果教学时间较长，或者学生写的某一篇作文已经比较好，就少读或者不读了。但还是要写。也许是由于习惯了，每当我为学生酝酿好一个作文题后，就随即列提钢，打草稿。我认为写下水文就是最好的作文备课。

　　是的，不要怕下水，不要怕我们的文章写得没有文采。只要下水，就会悟出指导的法门，学生就会从我们的示范中得到启示，受到鼓舞。

朱煜专辑

朱煜，中学高级教师。华东师范大学硕士研究生兼职导师，中国教育学会名师巡讲团特邀讲师，上海市园丁奖获得者。现供职于上海市福山外国语小学。《教师博览》杂志签约作者。

出版专著《讲台上下的启蒙》，主编出版《新语文参考古诗文卷》《学科有效学法指导·小学语文》，编写出版《古诗全脑学习法》《小学生朱自清读本》等作文教学书籍十余册（套）。另在多家专业刊物上发表文章几十篇，提出"启蒙语文"和"分段互动作文教学"等观点。在全国各地讲学、上示范课几十次。

◆ 教学主张

小学作文分段互动教学

一、小学作文分段互动教学的研究背景分析

作文是学生运用语言文字，反映客观现实，表达思想感情，培养写作能力的综合训练。从语文教学的角度看，作文是对字、词、句、篇进行综合训练的一种形式。学生学习了字、词、句后必须通过经常使用，才能真正掌握。写作文为学生提供了一个极好的练习机会。每篇文章的完成都离不开遣词造句、谋局布篇。学生在思考这些问题时，也就是在不断地巩固已学的字、词、句，并培养自己的表达能力。从儿童发展的角度看，作文是他们思想认识水平和文字表达能力的具体体现。叶圣陶先生说："小学生今天作某一篇文，其实就是综合地表现他今天以前知识、思想、语言等方面的积累。"因此，也可以这样说，作文是生活实践（观察事物）、思维（分析事物）、语言（用文字表达事物）的统一。

由于作文是多种能力的综合体现，所以小学作文教学一直是语文教学中的一个难点。"难"主要体现在教师教得吃力、学生学得无趣上，费时不少，效果不佳。造成这一结果的原因是多方面的，以下三个问题则较为突出且亟需解决：

第一，学习作文起步不扎实。

虽然现在各种小学语文教材从一年级就有了作文教学的内容，但是教师往往对此重视不够。殊不知，语言发展的规律表明，口头语言是书面语言的基础。一、二年级正是培养学生具备良好的口头表达能力的最佳时期。教师对于简单的说话、写话练习不精心备课、教学，必然影响学生正确的语感和良好的作文心理机制的形成，从而不利于学生的思维能力和口头表达能力的培养。由此造成不少中、高年级学生的作文语句不通，表达不清，继而对作文产生畏难情绪。

第二，小学作文教学序列不明确。

现在的许多教材都是将阅读和作文两部分编在一起的综合型教材。这样的教材一方面有读写结合的优势，但另一方面也有其弊端。一本小学语文课本中，阅读教材的数量要大大多于作文教材。于是，阅读教材便可按照一定的规律组合成数个系统的教学单元。而作文教材则无法做到这一点。这样的情况首先造成作文教学序列不明确。作文能力的形成和阅读能力的形成是一样的，都有其客观的规律，需要经过由浅入深、由简到繁、反复实践的过程。没有一定的教学序列，就可能使作文教学在一个个单独练习中循环往复，无法前进。其次，造成学生对小学阶段作文学习的内容（如各种文体、各种体裁等）特点不能形成清楚的认识。小学生作文中常出现偏题、中心不明等错误，原因就在于此。如果学生作文时经常出错，又不知如何改正，那么他们对作文就会失去兴趣。再次，教师面对这样的教材，常会不自觉地将主要教学精力放在阅读上。作文课原本就需要教师花更多的力气去钻研才能上好，可这样一来，作文教学时间短，课堂教学效果不佳，学生练习机会少，其学习效果就可想而知了。

第三，小学作文教学过程互动不够。

在日常的小学作文教学实践中，教师经常采用的方法主要有两种：一种是给出材料让学生写，另一种是完全放手让学生写。两种方法都无法在教学活动中真正实现师生互动和生生互动。学生始终处于被动的状态，学习积极性调动不起来，学习效率自然不高。

二、小学作文分段互动教学的基本内涵

（一）分段

"小学作文分段互动教学"中的分段是指，将小学里的作文教学根据小学生的学习规律分为低、中、高三个年级段来进行。每个年级段都编订出相应的教材。每个年级段的教材都由若干个教学单元组成，每个教学单元中又包含若干学习点。学习点就是各个年级段需要掌握的知

识点。

如低年级有看图说句子，用动词写句子，记录一小段对话，展开想象写句子等。中年级有《美丽的校园》（学习如何写景），《老鹰捉小鸡》（学习如何写活动），《一只苹果》（学习如何状物），《招待客人》（学习如何有条理地记事）等。高年级中有《小麻雀》（续写作文），《可爱的鹦鹉》（学会细致观察，精心描写），《妹妹的故事》（学习加工材料的方法）等。各个学习点的表现形式因各年级段的要求不同而灵活多样，有概念型的（偏重于指导方法），有材料型的（给出材料指导写作），有自主型的（给出一定范围，自由写作），比较型的（偏重于范文比较学习）等。

（二）互动

"动态生成"是新一轮课程改革的核心理念之一。它要求以生命的高度，以此观点审视课堂教学，为课堂教学赋予新的含义。正如叶澜教授所说："教师和学生不只是教和学，他们还在课堂生命中涌动和成长。"课堂教学是师生全方位交往的生命碰撞的过程。那么，如何在作文教学活动中突出学生生命的主体地位，实现关注学生发展的教学理念呢？我认为，采用互动式教学是一个好办法。

所谓互动式教学就是把教学活动看作师生进行的一种生命与生命的交往、沟通，把教学过程看作一个动态发展着的，教与学统一的，交互影响和交互活动的过程。在这个过程中，通过优化教学互动的方式，即通过调节师生关系及其相互作用，形成和谐的师生互动、生生互动、学习个体与教学中介的互动，从而提高教学效果。

由于作文与生活紧密相连，所以"小学作文分段互动教学"中的互动除了指在进行课堂作文教学时要实现互动外，还应随着作文学习资源的开发，努力实现家校互动、学校与社会生活互动、家长与孩子互动。在互动的过程中学生对生活更了解、更热爱，将作文当作反映自己对生活的感受的需要。而教师、家长亦可通过互动实现提升。

综上所述，小学作文分段互动教学就是根据小学生的学习特点，将作文教学分成低、中、高三个年级段，采用互动式教学策略，开发作文教学资源，从而提高作文教学效率的教学形式。

三、小学作文分段互动教学的基本原则

（一）注重整体性

小学生学习作文的时间长达六年。这六年虽然被分成低、中、高三个年级段，而且各年级段都有不同的目标，但是它们仍属于一个整体，阶段目标的达成必须为总目标（通过小学作文分段互动教学使小学生具备相应的观察、分析、判断、表达能力，养成动笔的习惯和真实表达自己感受的良好品质，为培养其积极向上的人生观和美好的精神家园打下基础）服务。各年级段学习点应该系统安排，难易度呈螺旋式上升的态势。

（二）讲究阶段性

小学作文分段互动教学根据学生身心发展规律和学习规律，将小学阶段的作文学习分成低、中、高三个年级段。三个年级段都有各自的培养目标。

低年级段主要培养学生良好的习作兴趣，使其掌握基本的观察、想象能力和一定的口头表达能力。鼓励学生表达相对完整的内容。鼓励学生尝试运用阅读和生活中学到的词语。鼓励学生写想象中的事物。

中年级段主要培养学生具备良好的习作习惯，获得通顺地描述事物、事件的能力，使其真实自由地表达自己的感受，增强其书面表达的自信心。鼓励学生与他人分享自己习作的乐趣。

高年级段主要培养学生具备独立习作的能力，树立书面表达的目的性意识，学会自主积累写作素材，并在习作过程中实现个性发展和获得良好情操的熏陶。

（三）发挥主体性

在教学活动中，教师是教学的主体，任何轻视、低估教师主导作用的观点、做法都是错误的，它将导致教学的无序状态，最终失去教育的价值。但是，同时我们又必须深刻地认识到学生是学习的主体，学习是一种创造性的劳动。教学是教和学的双边活动，教师的主导作用必须发

挥，学生的主体地位必须尊重，那么究竟怎样认识和处理两个主体之间的关系呢？我认为它们并不是那种有我没你、有你没我的对立关系，而是相互依存、相互补充的统一关系，即教师通过他的主导作用使学生进入主体地位，释放出知识的、思想的、情感的、意志的力量，学习运用语言。教师促使学生进入学习的主体地位的最佳途径、主要方法就是教学的生活化。

因此，在作文教学中应该通过对教材的精心选择，而将教学活动置于学生真实的生活背景之中，从而激发他们作为生活主体的听、说、读、写的强烈愿望，同时把教学的目的要求转化为学生作为生活主体的内在需要，在生活中学习，在学习中更好地生活。在生活化的作文教学活动中，学生既是学习的主体，更是生活的主体；学习既是学生的需要，更是生活的需要；既是自然而然、自由自觉的生活形式，又是受到一定目的要求引导、渗透、规范的学习形式。这样的作文学习才真正是内部动力驱动之下的学习。

（四）重视情感性

作文是一种受情绪、情感控制的文字表达活动。无论采用什么教材、教学方式，都不能单纯地进行写作基本能力训练，还要利用和诱发学生积极的情绪与情感。这样，学生对作文才会产生愉快的情绪，迸发写作热情，写出内容充实、情真意切的文章。

1. 教师应该具有良好的情绪、情感

教师的良好情绪、情感对学生写作的影响主要表现在：它能感化学生，激发学生的写作积极性。它能开启学生的心弦，引起学生强烈的内心体验。它能增强作文教学的艺术效果，使学生被深深吸引住。所以教师在上课之前一定要酝酿良好的心境。坚决不把与教学无关的消极情绪带进课堂。教师在命题时应该充分从学生的生活实际出发，考虑对学生情感的诱发。在指导时，教师一定要戒除急躁，努力做到态度亲切，循循善诱。批改学生的作文时，教师应充满热情，要善于抓住学生习作中的闪光点，多鼓励。

2. 创造最佳的写作环境

小学生容易被真实、具体、形象的东西感动。他们的情感往往是在特定的情境中产生的。好的情境不仅可以激发学生的写作兴趣，而且可以陶冶学生的情操。在这样的条件下作文，学生很乐意，往往能写出一些意趣横生的文章来。因此，作文教学要尽可能地通过多种途径，努力为学生写作提供一个与审美心理结构相适应的情境，通过切实可行的手段，如使用声像媒体、组织表演等，强化学生的内心体验，使学生自始至终处在情感的氛围之中，从而达到理想的教学效果。

（五）关注差异性

学生的差异是客观存在的，也是合理的。因此，教师应当允许学生存在不同方面、不同水平的差异。并且针对每个学生的具体条件帮助他们得到最适宜的个性发展。良好教育的结果是大批个性充分发展的人，而不是千人一面的"标准件"。正如杜威所说："如果从儿童身上舍去社会的因素，我们便只剩下一个抽象的东西；如果我们从社会方面舍去个人的因素，我们便只剩下一个死板的、没有生命的集体。"

作文能力是一种综合性的能力，在进行作文教学时，学生之间的差异会更加明显地表现出来。因此，教师在教学的各个环节中都应该针对差异采取旨在促进每个学生发展的不同教学策略。命题时，应该尽量出示多个题目，给不同的学生留有选择的余地。讨论时，可以小组为单位，开展合作学习，通过学生之间的互相帮助来解决学习中的问题。指导时，应该充分采用作文基础好的学生的习作来举例、分析。这样既可使基础好的学生感到荣耀，调动其积极性，又可为作文基础较差的学生树立榜样。讲评时，对不同水平的学生应该用不同的标准衡量，教师应积极发现学生的进步、长处，使其获得成功感。对于个别学生教师还应该经常进行个别辅导，使其不断缩小与同学的作文差距。

四、小学作文分段互动教学的主要教学过程

（一）低年级段主要教学过程概述

低年级段的作文学习分为生活作文、想象作文和应用文三个单元。

生活作文主要记述生活中的见闻或感受。通过这一练习帮助学生初步懂得如何观察生活、记录生活，掌握一些最基本的描写句式。想象作文是指要求学生看图说话、写话，编写、续写各种童话、故事。因为低年级儿童开展形象性思维活动的主要心理过程是想象。喜爱想象是低年级儿童心理发展的一般规律，也是他们学写作文的需要。应用文单元则主要使学生掌握最简单的应用文写作。

根据低年级学生的思维特点，首先，这一阶段的每个学习点都应该先创设情境，使学生一上课就被牢牢地吸引住，在不知不觉中进入学习作文的状态。其次，应安排听的活动和观察的活动。因为按照儿童学习语言的规律，最早获得的语言就是听来的。听懂了，再运用，语言就完成了内化的过程。因此，对于低年级的学生，应该特别注重听的练习。而且要形式多样，如单纯的听，记忆的听，带着疑问听，等等。在练习听的时候，辅以观察画面或情境的练习，让学生在一定的时间内尽可能多地获得信息。通过听来促进阅读，培养兴趣，实现语言的内化。此外，句式练习和想象练习也应该贯穿于教学之中。通过句式练习帮助学生有的放矢地进行观察，并理清观察到的内容，锻炼口头表达能力和思维能力，为写句子或写段落打下基础，铺平道路。想象练习一般可安排在学生对观察到的情况较为熟悉的时候进行。想象练习给学生以较大的自由思维的空间，让他们根据现有的内容合理发挥。这样既可培养学生的创新精神和创新意识，又能调动学生学习作文的积极性。这样，在学习作文时，学生始终处于愉快的状态，良好的作文心理机制得以逐渐养成。这有利于他们今后的作文学习。

在进行想象作文的教学时，教师不必扶得太多，但也不能完全放手不管。教师应该与学生一起讨论、想象，在师生平等互动的活动中，使学生充满乐趣地编出生动有趣的童话故事。这一点对于想象力不够丰富的学生尤其重要。教师应尽量使学生初学作文时就站在同一起跑线上。

应用文的教学，则以创设情境，指导学生仿写为主。各年级段方法相似，只是教学内容的难易不同。

需要说明的是，以上提到的听、说、观察等活动，可根据各个学习点的内容和要求自由组合，然后运用在教学中。另外，教学中不能将练习仅仅停留在口头上，应该要求、鼓励学生尽早拿起笔，记录下自己的见闻和感受。这样可以使学生在最合适的时间内学会将口头语言转化为书面语言。

我曾给二年级的学生上过一堂想象作文课。先给学生看一幅画着一只大兔子和一只小兔子的画，再组织学生讨论画上的内容，并及时将其想象到的故事梗概写在黑板上，适当点拨，帮助孩子理清思路。然后放手让学生自由写作。在师生互动合作的氛围中，学生的想象力得到充分发挥。他们将自己生活中的经历、书本上读到的故事、电视里看到的动画片和自己的幻想融在一起，创造出有趣的故事，并享受其中的乐趣。从下面两段习作就可以看出学生创作的兴趣被激发后的效果。

小兔和雪孩子

一个冬天的夜晚，雪花纷飞，慢慢地撒落在大地上。转眼间，大地一片白茫茫的。

第二天早上，小兔发现地上有厚厚的积雪，它高兴地叫道："妈妈，妈妈，我们可以堆雪人喽！"兔妈妈一听，马上拿出两粒纽扣和一根胡萝卜，拉住小兔的手就奔出屋去。她俩忙了一会儿，堆了一个大雪人，瞧，雪人正朝她们笑呢！

一阵风吹来，小兔感到冷极了，她怕雪人冷着了，又跑回屋去，拿来一顶帽子和一条围巾给雪人戴上，雪人笑得更欢了。

过了一天，太阳出来了，雪人慢慢地融化了，笑容也渐渐地消失了。过了一会儿，地上只留下了雪人的"眼睛""鼻子"和帽子围巾。

小兔见了，难过得哭了。妈妈抚摸着小兔的头说："别难过，以后我们还可以堆一个更大的雪人呢！"

小兔感冒了

今天，小兔起床时，感觉有点头晕。兔妈妈摸摸小兔的头，大叫："不好啦！小兔感冒啦！"妈妈急得团团转，爸爸急得直跺脚，他们最心爱的宝贝感冒啦！

爸爸情急之下，赶忙跑到药店买药。妈妈又是拿温度计又是拿水，嘴里不停地说："怎么会呢？昨晚还好好的，肯定是晚上踢被子了。现在的孩子体质差，容易感冒，家里得注意预防。"说着，就在桌上摆了一碗醋，顿时，房间里散发出一股酸溜溜的味道。

爸爸回来，一进门就冲到小兔的床边，忙着喂药，可他仔细一看，糟糕，拿错药了！怎么会是胃药呢？爸爸嘴里念叨："我真是老糊涂了。"刚坐下来的爸爸又风风火火去换药。妈妈一边埋怨爸爸，一边翻箱倒柜，想找找以前留下的感冒药，还不停地拿出冰毛巾敷在小兔的额头上。转眼间，爸爸拿着感冒药回来了，鞋都顾不上脱，便给小兔吃药。整整一天，兔爸爸和兔妈妈都守在小兔的身边忙进忙出。晚上，小兔的感冒好了，可爸爸妈妈却感冒了。爸爸苦笑着说："只要我们的宝贝好了，那就比什么都好。"刚说完，兔爸爸便连打了五个喷嚏……

（二）中年级段主要教学过程概述

中年级段的作文学习分为记叙文、应用文两个单元。记叙文单元含有写人、记事、写景、状物等不同内容的学习点。这样能使学生比较清楚地了解各种体裁的作文的特点，掌握不同内容作文的基本写作方法。

中年级段的每个学习点的教学仍应有情境设计，教师要更细致地引导学生观察、联想，并掌握观察的方法。因为中年级学生思维的特点是从具体形象思维向抽象概念思维过渡。学生的观察能力迅速发展，能通过观察比较，正确、深入地感知事物的特点。

中年级段的教学对句式练习应更为重视。对于小学生而言，要求他们提笔就写并不是一个好办法。因为孩子对许多语言文字的掌握常常停留在似懂非懂的浅层次上。在这种情况下，要求他们写作文，他们就会因无法确定自己是否正确使用了字、词、句而感到焦躁不安，从而影响作文学习。所以，在指导学生写作文之前应先让其进行一些口头的句式练习，这些句式是与作文的主要内容有关的。练习时先出示关键词作为提示，由学生讨论、说句式，教师及时给予指导。进行句式练习后，学生对将要写的作文内容有进一步了解，对字词、语句的运用更规范了

（这是句式训练最主要的目的），作文的难度也就降低了。这样的练习需要以材料作文为载体。

材料作文即组织学生针对作文要求开展选材讨论，教师从学生发现的材料中选取一个，加以指导，从而实现教学内容的动态生成，然后让学生根据教师的指导进行写作。由于教师讲解的材料是学生找到的，学生听讲时就多了一份熟悉和亲近，理解起来也比较容易。通过对材料的扩写、续写，学会一些基本的作文方法。（这是一种特殊的范文学习，一种符合学习规律的模仿学习。）当然，学生如此写出来的作文可能有雷同的现象，这是很正常的，不必担心。教师可在教学之后安排一些与之相关的题目给学生，或者让学生根据习作要求自己选材定题目，以激发学生的创作意识。完成作业时，基础薄弱的学生可以选择课堂中学习过的材料作文。基础好的学生则可以选择相关的题目自由写生活作文。这样，不同水平的学生写作能力都能得到发展。

在这个阶段，学生的自我意识逐步形成，教师要特别注意鼓励他们充分表现、展示自己的真情实感，特别是他们的得意之处。对那些材料作文，更要鼓励他们尽量通过别人的材料使自己得到启发，从而早日学会根据自己的生活体验写作文。

我曾给三年级的学生上过《会咬人的"小鲨鱼"》一课。先是通过情境引入一段比较简单的描写鲨鱼玩具的话。再让学生观察该玩具，对其进行口头描述。然后引导其懂得如何有条理地观察叙述。接着请学生玩玩具，边玩边谈感受。最后将自己的所见所闻所感写下来，并与例段进行比较。

这堂课的目的是教学生学会如何状物。课上的口头描述练习和玩玩具实践是师生之间十分重要的互动活动，它使得学生在动笔前对作文内容已经有所了解，于是作文的难度降低了，学生写作的兴趣也被激发了。在完成习作的过程中，学生自然而然地学会了如何有条理地状物，并真实地写出自己的感受。同时，口头表达能力和观察能力都得到了提高。

（三）高年级段主要教学过程概述

高年级段的作文学习也分为记叙文和应用文两个部分。高年级的学生自我意识和各项能力逐渐增强，在掌握了一定的写作方法后更愿意写出自己的所见所闻、真情实感。因此，在这一阶段，教师除了利用有关材料进一步使学生掌握审题、处理材料、细致描写等方法外，还应该留出时间给学生，引导其自由写作。教师则及时指导学生修改。教师在进行作文教学时，要把握好"收"与"放"的度。"收"得多，学生个性无法展现，兴趣无从培养。"放"得多，教师的指导性无法体现，部分基础薄弱的学生将成为课堂里的听众。

在高年级段，教师还应指导学生有效地进行课外阅读。我们都知道，广泛阅读是写好作文的重要条件。在低、中年级也有阅读方面的要求，但因为学生的理解能力有限，所以应重点培养学生的阅读兴趣和习惯。到了高年级阶段，教师则应该逐步教学生学会欣赏别人的作品，学会挑选适合他们的读物。一旦学生掌握了这种能力，那么一个极为广阔的阅读空间将出现在学生的面前。学生的思维、表达都将随之获得解放。于是，写作文就会成为学生表达感受的需要。

三个年级段的教学内容、方法虽然各有侧重，但将它们放在一起，其中有着一条清晰的教学思路的，即作文教学应从低年级抓起。起步阶段应以培养兴趣为主，以听优秀的范文，说、写简单的句子、段落，培养语感，培养观察力、想象力为主。第二阶段应将材料作文和生活作文结合，从中学习审题、选材、描述等基本写作方法，加大培养口头、书面表达能力的力度。第三阶段应放手让学生自己去写，教师只在一旁加以点拨、引导、修改。如果将这条思路用最精炼的话来概括，那就是"起步宜早，兴趣先行，重视辅导，敢于放手"。主要教学方法概括地说，即以听、说为先导，以读、写为手段；仔细观察，练习句式，启发想象，组织比较；各有侧重，相互渗透；收放结合，螺旋上升。其教学内容的特点为：以记叙文为主，应用文为辅，材料作文与生活作文有序组合。

五、结语

虽然我进行小学作文教学实践已经有好几年了，但是在该领域的理论探索还刚刚起步。因此，研究还显得不成熟。我将在今后的工作中不断努力摸索、前行。

（朱　煜）

范本课堂

小镜头的大作用

——五年级作文课"生活中的小镜头"课堂实录及反思

一、备课历程

在备《图书馆里的小镜头》一课时，有的同事提到可以让学生仿照由远到近的顺序练习写段或作文。有的同事则说，可以利用文中细致的神态动作描写，做专题训练。这两种意见看似不同，实质上是一样的——都是从方法角度进行操练。这样的操练符合学生的认知规律吗？符合学生学习语言的规律吗？在我看来，这种单项练习操作起来，稍有不慎便会堕入机械、枯燥一途。对于小学生，还是要用形象说话。创设情境，提供范文，让学生有所见，有所闻，有所感，有所依，才能使其获得良好的作文心理机制，锻炼综合运用语言文字的能力。所以我提出，以"生活中的小镜头"为题，指导学生习作练习。先复习课文的表达特点，再引导学生自行观察生活的小镜头，并记录下来。

我上作文课，向来注重范文。《海上日出》和《夕阳醉了》在过去就用过多次，效果很好。但只有写景的范例，终显单薄。于是我又找到《黑面条》和周作人的文言日记。四篇范文，篇幅虽小，但信息量大，很适合教学之用。

上课前，我在校园中拍摄了一些小学生活动、学习、用餐，校园环境，校内后勤人员为师生服务的照片。特别是后勤人员的照片，是学生从未关注过的。这些照片在学生动笔之前出示给他们看，对于一时找不到合适的材料的学生将是重要的扶助。

这样，便准备妥当了。

二、课堂回放

师：今天我们一起上一堂作文课。（板书：生活中的小镜头。学生自发轻读）我们学过一篇课文叫《图书馆里的小镜头》。课文是从三个角度来写镜头的。一开始是一个远镜头，写大家刚刚走进图书馆，所以作者只看到了别人的头和脚。随后，镜头渐渐拉近，作者看到了别人的手，看到了别人的眼神。最后，镜头再次拉近，作者看到具体的四个人，男女老少都有。透过这些小镜头，你感受到了什么？

生：我感到许多人都很喜欢看书，不管是男女老少。

生：读书是人们生活中不可缺少的一部分，人们都十分热爱读书。

师：很好。

生：因为人们爱读书，所以图书馆成了城市里最受欢迎的地方。

师：是啊。

生：人们在读书的过程中，有自己的体验。有时候，还会摘抄一些自己喜欢的词句。

师：大家的这些感受是从哪些地方读出来的？

生：我看到一个词——"顾不得"，女青年顾不得整理她那散乱的长发，说明她完全沉浸在阅读里面了。

师：你抓住了一个词谈感受。

生：我觉得书对人们的吸引力是很大的，因为有几个孩子趴在桌上看得很吃力却很专注。还有前面那个老人，说读得很费力，但仍舍不得把书放下。

师：刚才你说到了一个词语叫"专注"。（板书：神态）它非常好地反映出当时那些渴求知识的人们的神态。

生：那个老人十分吃力地看书，但他很喜欢，尽管年纪很大了，但他也想再学一点新的东西。

生：第二自然段中说各种各样的人争先恐后地涌进图书馆。我从"争先恐后"这个词感受到人们迫切地想到图书馆里读书。

师："涌进"（板书：动作）是一个动词。从中你感受到人们渴求知识的样子。

生：课文里说一个女青年拿着书极温柔地抚摸着，就像抚摸孩子光滑的脸蛋。这很可爱，她把书当成了一个小孩。（板书：想象）还有，她深深地吸了一口气，就是说她好像觉得图书馆里的空气很清新似的，我觉得她不只闻到了空气，还闻到了书香。

师：你说得真好。

生：那个披肩发的姑娘，不停地甩头发，这个"甩"字写出这个姑娘因为读书入迷连头发乱了都不想去整理的样子。

师：同学们分析得真好。作者通过动作、神态和想象，把一个个小镜头写清楚了。小镜头，就是我们生活中的小场景。接下来，请大家轻声地读一读讲义上的《海上日出》和《夕阳醉了》。

（学生自由轻声读）

师：请你比较这两段话，你发现什么问题了？

生：日出的时候，太阳红得很刺眼，甚至让人眼睛发痛。日落的时候，太阳却宛如一位佳人绯红的面庞，让作者长长舒了一口气。

师：你发现两篇文章的写作题材是相似的。

生：两篇文章里都有作者的想象。第一篇，作者想象太阳是很努力地往上升，他觉得那个太阳似乎很累，很慢很慢的。第二篇，作者觉得太阳像一个醉汉，脸红红的。

师：它们在写法上是相同的，都写到了想象。第一篇文章是我从巴金的《海上日出》中节选的。第二篇《夕阳醉了》是一个五年级的小学生读了巴金的《海上日出》以后写的。大家还能从这两段话里发现什么？

生：写太阳下山的时候，作者说地平线上只剩下太阳的一小块脸了。而写太阳升起来的时候，作者也写了太阳露出了一小块脸。

师：这就说明两篇文章中的句子也是差不多的。

生：有些词语也用得差不多。

师：是啊。因为这是这个五年级同学读了巴金这篇文章之后的仿写。仿写可以从句子、题材、写作方法等多个角度进行。仿写和自己写都是我们写生活中的小镜头可以使用的好方法。当然，自己写的时候，内容还可以更多。不仅仅是动作、神态，还有其他，只要仔细观察就可以。看了《海上日出》《夕阳醉了》这两段话之后，再和课文里的那四个小镜头做一次比较，你发现它们有什么不同？

生：日出和日落都是景色，小镜头是写人的。

师：是的，如果我们要去观察生活中的小镜头，视角可以放宽些，景物和人物都可以。

生：我发现日出日落是按时间变化顺序写的，小镜头是按从远到近的顺序写的。

师：因为写的内容不同，所以写作顺序也就不一样了。

接下来请同学们轻声地读一读第三和第四篇文章。

（学生轻声朗读讲义）

师：这两篇文章都是写吃的，一篇是浅显的文言文，一篇是白话文。文言日记，也是一个小学生写的。不过是一个一百多年前的一个小学生。我们一起来读，我读一句，请同学们跟读一句。

师：现在完整地再读一遍。（学生齐读）

师：有看不懂的地方吗？

生：我想问"天色蔚蓝可玩"，是什么意思？

师：你一下子找到这篇日记中最难的地方。谁能够解释？

生：我觉得是天气很好，可以出去游玩。

师：还有其他解释吗？

生：我觉得是说天空中的景色很有意思。

师：你不认为是可出去玩，而是说它很美，是吗？恭喜你，答对了。（生笑）来，握握手，你是个聪明的孩子。可玩，不是出去玩，而是指天空很美，值得玩味。

生："形如撑鱼，背青色，长约一尺，味似勒鱼，细骨皆作入字形"，"入字形"是什么意思？

生：就是说，鱼骨像"入"字一样。

生："每尾二十馀文"的"文"是什么意思？

生：就是古代人们用的钱。

师："文"是古代的货币单位。就像我们说的"元、角、分"。

生：什么叫"食莴苣笋"？

生：就是吃莴苣。

师：感谢刚才回答问题的同学，你们帮助大家读懂了这篇文言日记。两篇文章，一长一短，都是写吃的。你喜欢哪一篇，请说出原因。

生：我喜欢白话文。因为我觉得它描写得非常具体。文言文不是很具体。

生：我也喜欢白话文，因为它写得比较生动，介绍得很清楚。

生：我也喜欢白话文，我感觉它描写动作很到位，把当时那个人吃面的动作描写得很清楚。而文言文写得很简单。

生：我喜欢文言文，因为它用简洁的语言把食物的样子描绘出来。

师：作者从哪些角度写这条鱼的？

生：从产地、价钱、样子、味道、骨头形状、长度、颜色，这些方面来说的。

师：同学们，文言日记中，作者用三十三个字从七个方面把一条鱼介绍清楚了。这就是文言文的力量。我也喜欢文言日记。

生：我觉得两篇文章是各有千秋的。白话文用很多形容词把那个卖烟老汉的孙子吃东西时的那种津津有味的样子深动地描写出来，而文言文用简洁的语言把食物介绍得很清楚。

生：白话文写得十分幽默。但我认为文言文比白话文写得更好，因为它是用最精练的语言来描写的。

师：不管语句是长还是短，只要写出特点，就是好的，就能吸引读者。

（播放照片，都是学生熟悉的生活中的小镜头。）

接下来，请大家用 5 分钟的时间，写一个你所记得的生活中的小镜头。这个小镜头可以是景物，可以是人，可以是教室里的，可以是走廊里的，可以是操场上的，可以是老师，可以是同学，也可以是今天早上我们在家里看到的，也可以是你上学的路上看到的。

（学生开始习作练习，教师巡回观察。）

生：马路边的早晨是十分忙碌的。马路边停着各种各样的小汽车，孩子们背着书包从车上下来，匆忙跑向学校。校门口的义工家长，一边用袖子擦头上的汗，一边提醒小朋友过马路要小心。几个大一点的孩子手拉着手一起向前走。马路上的交警叔叔要求过往车辆让小朋友先行。

师：你观察到的是每天早晨发生在学校旁边的小镜头。写动作，写神情。家长义工在擦汗，交警叔叔在维持秩序。写得很好。

生：下课了，同学们都跑到操场上开始运动。瞧那两个人，她们正在对踢毽子。一个人掂了掂手里的毽子，随手一抛，奋力一踢，毽子便飞向了对方。对方看准了毽子，用手一抓，可惜她没抓到。毽子高高地飞过她的头顶，落在了很远的地方。

师：我们一边听，一边就好像看到了这个场面。这就是成功的作文。

生：在马路边，一个五六十岁的老太太双手抓着一根铁棍，使劲踢腿，她在锻炼身体。她头发花白，口袋中装着老花镜，脸上带着微笑，看着我们去上学。

师：这个老太太，我昨天也看到了。你观察得非常仔细。

同学们，今天我们练习写生活中的小镜头，小镜头就是生活当中一些不起眼的场景。我们为什么要写小镜头呢？

生：写这些小镜头，可以记录身边的点点滴滴。

生：写小镜头不像写作文那么累，而且还可以为写作文积累材料。

师：我想告诉大家的是，《夕阳醉了》的作者，她在 1994 年就小学毕业了。现在是一位医生。她是我的学生。每当她来看我时，我总会把她小时候写的日记、习作本子给她看，她很惊讶。连她自己都忘记了曾经写过什么。看着日记，她能找回童年。写文言日记的那位小学生，他小学毕业的时间大概在 1898 年，后来他成了著名的作家，他的名字叫周作人，是鲁迅的弟弟。他已在 1967 年去世了。我们读他小时候的日记，能很清晰地感受到一百多年前小朋友的生活。同学们，写小镜头，不是为老师而写，而是为自己留一份纪念。等你长大了，再读读这些小镜头，那是多么有趣的事情啊。如果大家有兴趣的话，就从今天开始，每天记录一个小镜头。

附

图书馆里的小镜头（原文）

我热爱生活，热爱生活中那一个个精彩的小镜头。然而，我更偏爱图书馆里一个个小镜头。

清晨，图书馆的大门敞开了，各种各样的人便争先恐后地涌进了图书馆。留披肩发的，梳辫子的，剃平头的，梳分头的，黑发的，白发的……穿皮鞋的，穿布鞋的，穿球鞋的，鞋跟高的，鞋跟矮的……宽敞的图书馆似乎显得拥挤了些。

人们进了图书馆，深深地吸了一口气，欣慰地笑了笑，似乎这封闭了一夜的图书馆空气很清新似的。紧接着，那双眼皮，那丹凤眼，那眼角布满鱼尾纹的眼睛，都各自盯上自己的目标；粗糙的手，细腻的手，宽大的手，纤细的手，都小心翼翼地拿下书，极温柔地抚摸着，就像抚摸着孩子光滑的脸蛋儿……

图书馆里骚动了一阵之后，又恢复了往日的平静，偶尔听到翻书的声音，显得极小，极短。人们完全沉醉在书的海洋里了……

一个戴眼镜的小伙子，一边看着，一边伏案疾书，有时，还停下来皱紧眉头想着什么，时不时地扶扶那已滑落到鼻梁上的眼镜；一位梳披肩发的姑娘，此时已顾不得去整理那有些散乱的长发，只是用大眼睛在书上贪婪地扫着，不时地甩一下那束垂到额前的刘海儿，看那神情，要是有把剪刀的话，她一定要把那束刘海儿铰了；一位头发花白的老人，鼻梁上架着老花镜，眯着眼睛，把书拿得远远的，显得很费力，但仍旧舍不得把书放下；几个孩子趴在桌上，用手指着字，一个字一个字地念着，很吃力，却很专注……

我没有打扰任何人，悄声无息地离开了图书馆。但这生活中的小镜头，我却怎么也忘不了。它似乎告诉了我什么，到底是什么呢？

三、课例评析

"生活中的小镜头"是一堂五年级作文指导课。

在上海版语文第九册教材中有一篇题为"图书馆里的小镜头"的课

文。课文后面有这样一道习题：观察同学，用课文中学到的方法描写。我觉得这个题目对五年级学生来说太简单，于是将其改成指导学生记录素材的作文课。

整堂课要解决三个问题：什么是生活中的小镜头？如何写生活中的小镜头？为什么要写生活中的小镜头？其中，如何写生活中的小镜头是教学的重点内容。在简单讲述小镜头的概念后，提供两段课文中的例文让学生自行分析出写法。然后再提供巴金的《海上日出》（节选）和小学生写的《夕阳醉了》，通过交流，归纳出仿写的方法。进而小结——小镜头可以自己写也可以仿写，可以写人也可以写景物。最后出示两篇写吃的文章，一篇是白话，一篇是浅近的文言文。在读通之后，组织学生交流。通过讨论归纳出，小镜头的描写不在于用多少形容词，而在于能抓住特点来写。在提供一些素材之后，请学生写并交流，然后评点。

这堂课我自己比较满意的地方是几组范文使用。学生在课堂中学习写作文，范文不可缺少，因为合适的范文对学生的习作有直接的引导作用。本堂课中，学生对几组范文赏析讨论后，自然而然地归纳出我希望他们掌握的习作方法，加深了对习作方法的理解，有利于更好地运用这些方法。我告诉学生，范文中有两篇是五年级小学生的习作，更是拉近了学生与范文的距离，从心理上产生亲近感。讨论为什么要写生活中的小镜头时，我依然用范文作文章。当学生告诉我写小镜头可以积累习作素材时，我补充说，《夕阳醉了》的作者1994年小学毕业，现在已经成为一名医生，她来看我时，见到自己小时候的习作很兴奋。文言日记的作者大约1898年小学毕业，后来成了作家，叫周作人。他虽然已经去世，可是通过他的日记，我们能了解到一百多年前的小孩子的生活情景，很有意思。所以写生活中的小镜头最大的作用是为自己的成长、为自己的人生经历留下痕迹，这是很有意义的。如此讲述，学生大为意外，兴趣十足，我的目的是让学生懂得，学习习作和写作文都不是为了别人，而是为了自己。这是习作动机的引导。

（朱　煜）

图文结合的妙处
——五年级作文课"已死的母熊"课堂实录及反思

一、备课历程

多年前,我应邀到广东上作文示范课。当时正好在读丰子恺的《护生画集》,便从中选出《已死的母熊》来上。选这幅画是因为它呈现的故事与屠格涅夫的散文诗《麻雀》有异曲同工之妙。而且丰子恺翻译过屠格涅夫的《猎人笔记》,这也算是一种特别的关联吧。

上课一开始,我介绍完屠格涅夫的《麻雀》后就出示《已死的母熊》给学生看。由于学生对丰子恺的漫画不熟悉,他们在观察画的内容时绕来绕去,无法直接进入主题。于是,我就又选了些丰子恺漫画中各种题材的代表作,放在《已死的母熊》之前出示,希望能起到铺垫作用。但是实践之后效果还是不理想。反复思考后,我明白了——学生的问题是不懂得如何看漫画,多看几张漫画并不能解决核心问题,要帮助他们寻找出看漫画的方法,他们才能更好地理解《已死的母熊》。后来,在欣赏丰子恺的漫画代表作时,我加入了方法指导,效果很好。另外,我还将为原图配的文言故事以及丰子恺自己写的《已死的母熊》都出示给学生。让学生了解更多信息,并与自己的习作进行比较,从而加深这次看图作文的独特体验。

二、课堂回放

师:同学们,上课前我听见大家在唱《欢乐颂》,你们唱得很好。你们能用一个词语来概括自己对这首歌的感受吗?

生:欢乐。

生:圣洁。

生:温柔。

生：爱。

师：你们说得都很好，因为你们在用心唱，所以能体会到歌曲背后的东西。我的感受和最后一位同学相同——我从大家的歌声中体会到了爱。很巧，今天我们也要上一堂与爱有关的课。

请大家打开桌子上的讲义，允许我为大家读一读讲义上的文章。（教师读俄国作家屠格涅夫的散文诗《麻雀》）

师：听了我的朗读，你觉得作者想要告诉我们什么？

生：我觉得作者想要告诉我们，母爱是伟大的。

生：作者想要告诉我们，为了保护自己的孩子，母亲会勇敢地牺牲自己。

生：作者想说，动物也是有母爱的。

师：大家说得都很好。知道这篇文章的作者是谁吗？

（学生都摇头）

师：好，那么让我来告诉大家。作者是 19 世纪的俄国作家屠格涅夫。（出示屠格涅夫的照片）他和同时代的托尔斯泰、陀思妥耶夫斯基合称俄国文坛"三巨头"。他们为世界文学宝库留下了极其优秀的文学作品。屠格涅夫一生写了六部长篇小说以及大量散文。他的《猎人笔记》曾经对我产生很大影响。我读的是丰子恺先生的译本。（出示《猎人笔记》书影和丰子恺的照片）

丰子恺先生在年纪很大的时候自学了俄语，翻译了这本书。他不仅是一位教育家、漫画家，还是一位文学家、画家。（出示丰子恺先生的漫画作品）

丰先生的漫画有很多都是以儿童作主题的，现请大家一起欣赏他的漫画。（课件欣赏。在欣赏过程中逐步出示方法：关注画题、关注细节、关注主次。）他还经常将古诗词画成画。

（出示漫画《已死的母熊》）今天请大家着重看这一幅。这幅画选自丰先生的《护生画集》。丰先生用了四十六年才完成这套画集。请大家仔细看画，观察图上都画了什么。

生：图上画了一只母熊和三只小熊。

生：图上画了一个猎人把母熊打死了。而母熊还托着石头保护小熊。

生：我怎么觉得那不是小熊，而是小羊啊？

师：请你再仔细看图。

生：我看懂了。一只母熊带着三只小熊在河边喝水。一个猎人向它们射击，母熊为了保护小熊而中弹了。

师：你真聪明，竟然看着图就能说出一个感人的故事。请大家再思考，作者想通过图告诉我们什么？

生：作者想告诉我们，母熊也有着伟大的母爱。

生：作者想说，我们应该保护动物。

生：我猜作者想告诉我们，母熊是很爱她的孩子们的。

生：我觉得，动物的生命也是很宝贵的。

师：你们说得太好了。（板书：敬畏生命）我们要学会敬畏生命。动物的生命也是宝贵的。如果请你把这幅画改写成一个小故事，你觉得哪些内容是一定要写的？

生：母熊中弹的过程一定要写。

生：母熊是怎样保护小熊的，一定要写。

生：我觉得母熊中弹以后的情况也要写。

师：除了这些，还有其他的吗？请大家再仔细看图。

生：我觉得还可以写当时的环境。

师：为什么要写环境呢？

生：因为介绍一下环境可以使故事更加有意思。

师：你的主意真不错。

生：我觉得可以写写母熊为什么会带孩子出来？

（教师将学生提到的内容板书在黑板上）

师：我忽然发现，刚才同学们说到的有些内容有重复，可以合并在一起。（指导学生将板书进行整理归类。最终将板书整理成三个部分，即起因、经过、结果。）

师：如果让你选择，你会选哪一个部分来写？

（学生交流选择结果）

师：请大家在笔记本上，将自己选择的情节写下来。

（学生习作）

师：接下来我请三位同学上台来交流自己的习作。

（邀请三位同学上台）

师：这三位同学分别写了这个故事的第一、第二、第三部分。因为彼此都不知道写了些什么，所以第二、第三位同学在交流的时候要根据前面同学的习作修改自己的习作。这样才能配合好。相信你们一定会做得很好。

生：一个阳光明媚的早晨，母熊和小熊出来觅食。他们来到一条小河边，河水十分清澈。小熊在小河里高兴地嬉戏着。

生：突然，母熊那灵敏的耳朵感觉到了危险——一个猎人正举起枪对准小熊。母熊发现了，就举起身边的一块石头，让小熊们躲在下面。只听"嘭"的一声枪响，母熊中弹了。但它还是拿着石头。

生：小熊得救了，母熊却死了。小熊们悲痛欲绝，围着母熊哭起来。猎人看见了这一幕，后悔极了。他发誓再也不打猎了。

（交流中教师帮助学生调整语句）

师：谢谢你们。虽然是初次合作，但是你们配合得十分默契。特别是后面的两个同学，其实他们在一边读一边修改，你们写的故事十分感人。猎人之所以后悔是因为他感受到了强大的母爱啊。

（再请三位同学交流，内容略）

师：刚才我偶然发现，在一位同学的习作中，母熊说话了，故事一下子生动起来。

生：他是用了拟人化的方法。

师：对啊。刚才交流的同学都用了同一种人称——第三人称。请大家思考一下，如果你是母熊，如果你是小熊，如果你是猎人，这个故事应该怎样写呢？

请大家选择自己喜欢的表达角度，将这个故事完整地写下来。

（学生习作）

师：谁愿意与大家交流一下自己的习作。

生：《已死的母熊》。

今天，天气晴朗。在我和兄弟姐妹的央求下，妈妈终于答应带我们下山去玩。我们下了山，只见在嫩绿的草坪上，朵朵鲜花露出了美丽的脸颊，小鸟在枝头唱着歌，一条清澈的小河用它的水波来伴舞，我们从来没有见过这样的美景。

我们玩累了，来到小河边喝水。这时一个猎人发现了我们，他趁妈妈不注意，向她开了两枪。妈妈受伤了，可是这时，山上又落下一块大石头，它正滚向我们。就在这危急万分的时刻，妈妈双手抱住了这块大石头，她不能让石头砸到我们。这时，猎人又开枪了，击中了妈妈的头部。妈妈的眼睛闭上了，鲜血不停地流了下来。可她依然抱着那块大石头。

猎人被这一幕惊呆了。他手一松，猎枪掉在了地上。他呆呆地看着妈妈。周围安静得只有溪水流淌的声音，那是生命的赞歌啊。渐渐地，猎人的眼眶湿润了。他后悔刚才打死了我们的妈妈，他捡起猎枪，扔进了河里，决心再也不打猎了。猎人走到我们跟前，抱起我们。他决定抚养我们长大。

（其他学生交流，内容略）

师：听了几位同学的交流，我很感动。虽然他们选择的人称不同，但是他们都表达了对生命的珍视，表达了母爱的伟大，表达了对人与自然和谐相处的期待。同学们，让我们一起敬畏生命吧，因为生命是最宝贵的；让我们一起学会爱吧，因为有了爱，生活才能变得美好。让我们怀着爱，一起再唱一遍《欢乐颂》吧。

（学生再唱《欢乐颂》，唱毕，下课）

附

麻　雀（原文）

我打猎回来，走在花园的林荫路上。狗在我面前奔跑。

忽然它缩小了脚步，开始悄悄地走，好像嗅到了前面的野物。

我顺着林荫路望去，看见一只小麻雀，嘴角嫩黄，头顶上有些茸毛。它从窝里跌下来（风在猛烈地摇着路边的白桦树），一动不动地坐着，无望地叉开两只刚刚长出来的小翅膀。

我的狗正慢慢地向它走近，突然间，从近旁的一棵树上，一只黑胸脯的老麻雀像块石头样一飞而下，落在狗鼻子尖的前面——全身羽毛竖起，完全变了形状，绝望又可怜地尖叫着，一连两次扑向那张牙齿锐利的、张大的狗嘴。

它是冲下来救护的，它用身体掩护着自己的幼儿……然而它那整个小小的身体在恐惧中颤抖着，小小的叫声变得蛮勇而嘶哑，它兀立不动，它在自我牺牲！

一只狗在它看来该是多么庞大的怪物啊！尽管如此，它不能安栖在高高的、毫无危险的枝头……一种力量，比它的意志更强大的力量，把它从那上边催促下来。

我的特列索尔停住了，后退了……显然，连它也认识到了这种力量。

我急忙唤住惊惶的狗——肃然起敬地走开。

是的，请别发笑。我对那只小小的、英雄般的鸟儿，对它的爱的冲动肃然起敬。

爱，我想，比死和死的恐惧更强大。只是靠了它，只是靠了爱，生命才得以维持、得以发展啊。

三、课例评析

在学生开始写习作之前，我读屠格涅夫的《麻雀》一文给他们听，目的是让学生感受到母爱的伟大，营造出习作情感。然后出示挂图，介绍作者，分析作者作图的意图，引导学生明确作文的主题。随后，组织学生讨论挂图的内容，帮助学生找到写作的素材，了解文章结构。接着让学生挑选自己感兴趣的段落练习。通过交流讲解，引导学生互相取长补短，最后完成整篇习作。

我在这堂课中通过两个环节进行了"收"与"放"的摸索。一是开头的引入。学生通过比较发现了《麻雀》与挂图之间有着异曲同工之妙，通过教师的介绍，学生们还知道了漫画的作者丰子恺先生曾翻译过屠格涅夫的《猎人笔记》。这个环节为学生创设了习作的情境，降低了习作的难度，使学生在动笔前，对这篇习作产生了兴趣。最后让学生变换人称写作文。因为在学生分段练习之后，如果请他们将整篇文章写下来，那么肯定会出现作文雷同的情况，孩子们会不自觉地去模仿刚才被老师表扬过的段落。而让学生变换人称来习作，就不会出现雷同的情况了。学生们从不同的角度，用不同的人称完成习作，他们完全沉浸在创作的喜悦之中。他们将自己的独特的感受通过文字表达出来，写得十分精彩。同时，学生通过习作又一次体会到母爱的力量。在这堂课上还有二次修改讲评。通过师生互动讲评，学生修改习作的能力、对习作的鉴赏能力都得到了提高。

蚂 蚁 工 坊

"妈，我回来啦！"赵清遥一进家门就直奔书房。正在厨房做饭的妈妈很好奇，跟进去想看个究竟。只见赵清遥从书包里取出钢笔、本子，趴在书桌上写着。妈妈很高兴，赶紧轻轻地退了出来。

吃晚饭了。妈妈端出一条清蒸鳊鱼，鱼身上放着葱姜，房间里飘着一股特殊的香气。这是清遥的最爱。清遥见了，心情更好，笑嘻嘻地大叫："好大的鱼啊！"

妈妈一边盛饭一边问："作业都做好了吗？"

"都好了！连作文也写完了。"清遥往嘴里塞了一口菜心。

"是吗？今天怎么这么快啊！写的是什么啊？"妈妈越来越好奇。

"告诉你，妈妈，今天王老师给我们看了一样有趣的东西，叫蚂蚁工坊。"

"是蚂蚁？"妈妈很奇怪。

清遥说："是的。今天作文课上老师给我们看他带来的一只纸盒子。盒子上好像画了一些蚂蚁。他让我们先观察，然后站起来介绍看到的东西。我一开始有些不确定画的到底是什么，就没敢举手。鲁历发言了，说像是蚂蚁。接着，老师就把盒子打开了，我们都伸长了脖子去看。盒子里有一个扁扁的玻璃盒，里面放着蓝色的东西。后来老师又从一旁取出一个小玻璃管子，管子的两头用棉花球塞着，我一眼就看到里面有东西在爬，我当时想，果真是蚂蚁啊？"

"你们王老师真有趣，又不是自然常识课，给你们看蚂蚁做什么？"妈妈笑着说。

"是啊！我也纳闷，不过那时我的注意力全在蚂蚁身上了。王老师让一个同学读说明书，他自己照着说明书上的步骤，一点一点把蚂蚁放到玻璃盒里。有一只蚂蚁总不肯进去，王老师只好用嘴吹。对于小蚂蚁来说，那可是超级飓风啊！"

妈妈一边往清遥碗里夹菜一边说："这下你们一定兴奋坏了吧？"

"是啊！教室里议论纷纷。有的问老师蚂蚁吃什么，有的问蚂蚁会不会憋死，有的问蚂蚁会不会在里面打洞，有的问蚂蚁会不会逃出来。坐在最后一排的小涵还跑到讲台前面去看。后来，王老师把玻璃盒拿下来，让我们仔细观察。"

"那是我们平时见到的蚂蚁吗？"妈妈问。

清遥边吃边说："不是的。那是黑色的，个头很大，老师说是山蚂蚁。里面有一些蓝色的东西，老师说是营养土，是蚂蚁的食物。它们还会在里面挖洞呢！所以，玻璃盒叫蚂蚁工坊。"

"哦……"妈妈一听，好像想起了什么。

"我们叽叽喳喳议论了好一会儿，王老师说，今天的作文就写《蚂蚁工坊》。"

"原来是这样啊！那你会写吗？"妈妈问。

"当然会啊！我不是已经写好了吗？"清遥得意地说，"只要把课堂上老师、同学说的话，我看到的情景，我的想法写下来就行了。今天上课我特别认真，所以写起来很快。"

"啊？那不是要写得很长吗？"妈妈笑着说。

清遥站起来，从书房里取出自己的作文本递给妈妈，说："老师说过，不需要把所有看到的、听到的都写下来，只要写出主要的，印象深的部分就可以。"

妈妈打开本子读起来。

蚂 蚁 工 坊

今天，王老师拿了一个大盒子，神秘地问我们，你们知道这是什么吗？看着盒子上的图片，很多同学争先恐后举手发言。有的说这是一个藏宝盒，有的说这是蚂蚁洗澡的水，还有个同学说："那个东西是养蚂蚁的，白的是蚂蚁挖的地道，蓝的是一种特殊的泥土，也是蚂蚁的养料。"同学们听了，也觉得有道理。

过了一会儿，王老师拿起盒子，把盒子转来转去，我想，可能是在找开口吧！终于，老师把盒子打开啦。只见里面有一个弧形的玻璃盒和一根小管子。接着，老师拿出了那个小管子，说："这里面就是蚂蚁。"真的是蚂蚁啊！我心想。王老师在弧形玻璃盒上面打开了一个小孔，把蚂蚁放了进去，为了让我们看得清楚些，王老师还拿了一把椅子放在讲桌上，又把弧形的玻璃盒放了上去，说："这叫蚂蚁工坊。蚂蚁可以在这里面生活、繁殖。"

　　"丁零零……"下课了，同学们涌上了讲台，小孙被挤得满脸通红。我们等着看蚂蚁挖洞的样子。可是王老师说它们要等 24 个小时或 48 个时才能挖洞，因为蚂蚁要先熟悉一下新的生活环境。"唉，真扫兴！"许多同学都这样叹息着。不过，我们今天还是学到了不少东西。

　　啊，一堂生动的作文课！

　　晚上，清遥睡了。妈妈从网上找到了蚂蚁工坊的一些资料，打印出来后，悄悄放在清遥的书桌上。因为清遥说，王老师过段时间还会让大家观察蚂蚁们挖出的"地下宫殿"。

先 见 之 明

作文课上，王老师请沈池为大家讲一个亲身经历的小故事。沈池大大方方地站在讲台前，绘声绘色地讲起来：

上个星期六，我要去音乐学院参加钢琴二级考试。爸爸妈妈为了联系方便，让我带上手机。临出门时，我才发现两块电池板里的电都不足，我对爸爸说："我把两块电池板都带上吧。""不用。就带一块吧。"爸爸着急地说，"快走，要来不及了。"

于是我们一起出门了。

到考场后，爸爸去办事了，妈妈在考场外等我，我独自去考试。考试很顺利。出了考场，我看见很多家长站在学校门口等他们的孩子。接着，妈妈带我去商店买鞋。因为临近中午，收银员们轮流吃饭，人手不够，所以结账很慢。好不容易轮到我们了，突然我听见手机在响。赶紧掏出来看，屏幕上显示出爸爸的电话号码。我连忙按下按键，刚说了"喂"，电话就挂断了——真的没电了。

妈妈说："之前爸爸一定打了好几个电话，商场里太吵，你没有听到，把电用完了。"

"爸爸联系不到我们会着急的，妈妈你快打电话给他。"

"早上出来太急，我忘记带手机了。"妈妈无奈地说。

"啊？那怎么办？"

"找一个公用电话吧。"妈妈一边张望一边说。

我们出了商场，走进一个小店。柜台上有一部电话机。妈妈上前询问："能借用一下电话吗？"

"不行。"营业员拒绝了我们。

我们又去了肯德基和麦当劳，都没有找到公用电话。最气人的是，我们看到了不少电话亭，可是都要用 IC 卡才能打。最后，我们总算在一个书报亭里打成了电话，结束了这场电话危机。值得一提的是，书报亭里的叔叔没有趁人之危。我们打完电话给他一元钱，刚想走，他叫住我们，说："只要五角。"

后来，见到爸爸，我说："还是我有先见之明吧。这就是'不听小孩言，吃亏在眼前。'"听了这话，爸爸妈妈都笑了。

故事讲完了，同学们听到最后一句话都笑起来。因为沈池把"不听老人言"改成了"不听小孩言"。

王老师问大家："大家觉得沈池的故事有意思吗？"

"有意思啊！"大家异口同声地回答。

"那么现在就请大家帮沈池出出主意，在这个故事里，有哪些材料可以写成作文？"王老师又问。

鲁历在座位上说："把沈池讲的这个故事都写下来，不就是一篇作文了吗？"大家听后又笑了。

赵清遥举手说："我觉得找电话的过程可以写成作文。"

寇佳艺说："我觉得单是钢琴考试就可以写成作文啊。"

"这是因为你也在学钢琴的缘故吧。所以比较有感触。"王老师插话道。

陈芳说："如果是我，我就把拒绝沈池用电话的营业员和书报亭里的叔叔对照着写。"

同学们你一言我一语，说得很热闹。王老师问沈池："沈池，让你自己选，你会选什么材料写？"

沈池想了想，回答："我的想法和鲁历一样。"

"耶——"鲁历高兴地欢呼起来。

"同学们，刚才大家的意见都很好。"王老师继续说，"我常讲，作文材料就在生活中，关键就看你能不能去发现。不同的人面对同一件事情，会有不同的想法和见解。在选择作文材料时，尽量选自己印象深、感受强的，这样的材料才能让你写得好，写出你的独到之处。"

妹妹的故事

王老师在班级里组建了一个文学社。成员是沈池、寇佳艺、陈芳、郑华。沈池做事认真，待人友善，在同学中有很强的号召力。寇佳艺文静用功。陈芳活泼好动，性格直爽，有时像个男孩子。郑华忠厚老实，但有时也会来点小幽默。四个人都热爱文学社，从来不违反社里的任何规定，尽管这些规定都是他们自己定的。学校的宣传橱窗里曾专门为他们布置了一次专栏，他们还在学校电视台里亮了相，校报上更是经常刊登他们的作文。

王老师有个习惯，每周定期在班上评讲文学社成员们的作品。这次，他评讲的是沈池的文章《妹妹的故事》。他刚看了开头就被吸引住了。说是文章，其实是一小段话，但这一小段话写得真精彩。

一

"红的，蓝的。"

"哗啦——轰。"

屋子里闹哄哄的。我不得不放下手中的笔，来到门口。

只见翘着两只小辫子的蓓蓓，正专心致志地搭着积木。那座彩色的"小城堡"已经搭到了她的胸口。我厉声喝道："蓓蓓，还不快去练琴。一天到晚只知道玩，等舅舅回来了看你怎么交待！"蓓蓓一愣，手中的积木掉了下来，把"城堡"一下子砸塌了。她低着头，涨红了脸，极不情愿地走到琴架前，胡乱地拉着小提琴。嘈杂的声音从琴弦上奔出来。"蓓蓓，你这是怎么啦？难道一定要舅舅、舅妈看着才行吗？"我捂着耳朵，大叫道。

"呜——我要积木，我要爸爸、妈妈……"她咧开嘴哭了起来。我无可奈何地摇摇头，回外屋做作业去了。

"这篇文章虽然短，但是写得非常好！"王老师读完文章对大家说，

"文章以描写声音开头，吸引了读者。人物的外貌、神态描写细致入微，语言描写传神。虽然字数不多，但却给人留下了真实、凝练的感觉。"

沈池的文章显然给王老师带来了极大的欣喜。他用了不少平时不常用的好词佳句来评价它，还说沈池能写出这样的文章，要归功于她对平时生活的细致观察。如果没有观察就不会有真实和生动。细心的王老师发现在文章的上面一行写着一个"一"字。他问沈池，是不是后面还有"二"和"三"，沈池点点头，说这只是她计划中的第一篇。关于妹妹的故事，她还会继续写下去。王老师一听，立刻高兴地说，他和全班同学都热切地期盼着第二篇、第三篇……

文学社的同学们对沈池的写作水平一向佩服，一边听着老师的介绍，一边由衷地为沈池叫好。但当王老师再三赞扬这篇文章写得真实，认为这是生活中实实在在的事情时，陈芳的脑海中闪出了一个疑问——这些事是真的吗？

陈芳记得前几天去沈池家玩时，发现沈池家多了一个小女孩。那小女孩长得白白胖胖，小脸红扑扑的，很可爱。

陈芳问沈池："这是谁家的孩子啊？"

沈池回答："她是我的小表妹，是我舅舅的孩子。我舅舅和舅妈这段时间去国外了，所以让我们照看一下。"这时，那小女孩哭得更厉害了。

"她心思可野了。总想让人带她出去玩。可现在家里谁都没空，于是她就哭个不停。"沈池无可奈何地拍着小妹妹。

这时，下课铃声把陈芳从回忆中拉了回来。可她仍在想着：莫非那个小表妹就是蓓蓓？不会啊！才一岁多一点的小孩子怎么会拉小提琴呢？难道沈池还有另一个妹妹？想到这儿，陈芳决定放学后去沈池家看个究竟。

刚到沈池家门口，陈芳又听到了那个小女孩的哭声。走进屋里，只见沈池正拿着玩具哄她的妹妹呢。

"她又哭了啊？"陈芳问。

"是呀！她现在简直就是个'碰哭精'了。"沈池摆弄玩具，笑着说。

"她叫什么名字？"陈芳又问。

"蓓蓓……"

"什么？她就是你文章里的'蓓蓓'！"陈芳的声音一下子高了起来。

沈池有点莫名其妙："是啊……"

"她会拉小提琴吗！"陈芳有点生气，没等沈池把话说完，就反问道，"我们不是说好要写实实在在的事情，不能胡编乱造吗？你是社长怎么可以乱写，欺骗老师和同学们呢？"

沈池对陈芳的强烈反应不知所措，愣了一会儿。等回过神来，她连忙解释道："你听我说，我是想告诉王老师的……"

"但是你并没有说！"陈芳打断了沈池的话。

"那是因为上课时，我没法说。"沈池觉得如果上课时当着大家的面说出真相，会让老师难堪的。因为王老师一贯主张作文要写得真实。

"你怎么说都有理！我不跟你说了！"说完，陈芳头也不回地走了出去。

陈芳真的不和沈池说话了。她觉得沈池骗了大家。

郑华和寇佳艺也知道了这件事，他们想劝两人和好，但没有成功。

二

《妹妹的故事》之二写好了。王老师又高兴地读给大家听。

我提着书包，走进屋子，悠扬的小提琴声在整个屋子里回荡。我很高兴，蓓蓓终于能自觉练琴了。我轻轻放下书包，蹑手蹑脚地走进厨房，冲了一杯奶粉，拿了一个面包。慢慢打开房门，向里一看，顿时惊呆了。地上一片狼藉。小人书、积木、布娃娃到处都是，琴架无力地倒在地上，小提琴横在沙发上，可弓却不知道哪里去了，柜子上的录音机里正在播放音乐。屋里乱七八糟的，像刚打了"第三世界大战"似的。蓓蓓正翘着屁股，卧在床上，津津有味地看小人书呢！我再也忍不住了，大叫一声："蓓蓓！"随手关了录音机。接着，一片寂静，出奇的静。蓓蓓吃惊地瞪着我，她从没见过我这么生气。

"哇——呜——"蓓蓓咧开嘴，双眼紧闭，昂起头，泪水像断了线的珠子似的洒落下来。

第二篇比第一篇写得更好。虽然是相同的人物，相同的结局，相同的事由，但是丝毫没有给读者雷同的感觉。第一篇重点描写的是人物的神情和语言，第二篇则把人物的动作刻画得更细腻了。而且，第二篇还安排了一个很有新意的情节——妹妹利用录音机来逃避练琴。

王老师越说越高兴。他对沈池说："通过你的两篇小练笔，我们已经对你的妹妹有所了解了。看来她是个聪明的小女孩，只是有些懒惰。以后有机会，我一定要见见她。"

陈芳听了这话，心想，真难想象王老师见到那个爱哭的小女孩时会怎么想。

王老师又说："每位同学都应该向沈池那样做个有心人，去发现更多更好的写作素材……"

听着王老师热情洋溢的表扬，沈池的脸上没有露出甜甜的笑容。她几次想举手，可都忍住了。她觉得耳边的赞扬声正在慢慢变成一个个沉重的包袱，压得自己很难受。

一下课，沈池就来到了王老师的办公室："王老师，我有件事想跟您说。"

"是沈池啊！来，坐吧！"王老师指了指身边的空座位，"你有什么事啊？"

"我……怎么说呢……"沈池还是第一次体会到有话说不出的滋味。

"我那两篇《妹妹的故事》全是编出来的。"第一句话终于说出口了，后面的话就流利多了，"真正的蓓蓓才一岁多一点，根本不会拉琴。为了这两篇文章，陈芳已经不理我了。她说我没有写真实的事情，欺骗了老师……"沈池的脸涨得通红。这是她上学以来第一次向老师承认"错误"。

王老师亲自主持了这次文学社的活动。他先请沈池介绍自己的写作意图。

沈池想了想，说："前段时间，我表妹蓓蓓住到我家。不知为什么，她总喜欢哭，于是我就打算把她写下来。可光写她哭没什么意思，我又想起邻居家有个小女孩不愿意好好练琴的事情，于是就把这两个材料合在一起，编出了《妹妹的故事》。"

王老师对陈芳说："你说说自己的意见。"

"您常要我们写真实的东西，不要胡编乱造。但沈池身为社长却违反了规定，我认为不应该。"陈芳板着脸说。

王老师转过脸问郑华："你说呢?"

"我觉得这两篇文章虽然都是编出来的，但编得很好。"郑华的话中露出了他的忠厚。

王老师微微点了点头说："该我发表意见了。我认为沈池写了两篇好文章，并且希望她写出第三篇!"

"为什么?"陈芳惊讶地问。

"你别急，听我说。"王老师冲陈芳笑笑，"我是讲过，写文章不能胡编乱造。但我们要搞清楚什么是'胡编乱造'?"

"就是编出一些别人根本不会相信的事情。"寇佳艺回答道。

"是的。那么沈池编出来的故事你们听后相信吗?"王老师问。

"当然相信啊。只是后来听陈芳……"郑华没有把话说完。

"那你为什么会相信呢?"王老师又问。

郑华抓抓头皮，为难地说："这……这我就说不好了。反正我一听就觉得是真的。"

王老师一边拍着郑华的肩膀一边说："我也相信。这说明在沈池编的故事中，虽然人物是假的，但故事情节在生活中却可以找到。我小时候也学过小提琴，也像蓓蓓那样偷过懒。所以当我看到这两篇文章时，我立刻就想到了自己过去练琴的事。这就说明沈池成功了。胡编出来的文章是不会引发读者的感触的。"

"虽然人物是假的，但人物的语言、动作、神态在生活中都可以找到。像'我'给妹妹拿吃的，妹妹玩积木，'我'训斥妹妹等细节包括人物生活的环境，都是我们熟悉的。人物的特点主要靠语言、动作、神态等方面来体现。如果这些方面的内容都是可信的，那么人物也就变得可信了。

"我觉得沈池没有胡编。她有很强的观察能力，所以能找到并积累有意思的写作材料。她思维灵活，把原来没有关联的材料合理地组合在一起，创作出引人共鸣的好故事，像个小作家。

"如果你们能把文章写得真实，我会很高兴。如果你们愿意体验一下文学创作的乐趣，我会更高兴。"

不久，《妹妹的故事》有了第三篇。

三

今天，舅舅、舅妈从日本回来了。

妹妹显得很高兴，特地穿上新裙子，在两条翘起的小辫子上各捆了一个蝴蝶结。上午九点半，舅舅他们到了。蓓蓓和舅妈亲热了好一阵子。过了一会儿，舅舅就让蓓蓓拉一支曲子给他们听听。

蓓蓓从墙上取下琴，架好琴架，却发愁了。原来她不知道琴谱放在哪儿了。过去她总是要翻箱倒柜地找个遍，才能找出她那本破旧不堪的琴谱。可现在，她必须装得文文静静的才行，不然，舅舅一定会发脾气。我看到这情景，急中生智，说："蓓蓓，昨天你练完琴，好像把谱子放在茶几上了，是吗？""昨天？茶几？"蓓蓓有些摸不着头脑，但她马上反应过来，"哦！对，对。"她连忙跑到茶几边，找到了琴谱。

她拉的是一首很简单的练习曲。可是由于很长时间不练了，最后还是拉得断断续续，很吃力的样子。拉到一半，舅舅实在忍不住了，连声说："停，停下！停下！"接着就问妹妹："你是怎么练琴的？我去日本时，这支曲子你已经能连贯地拉了，可现在呢？这半年你在干什么啊？"然后，舅舅扭头问我："池池，蓓蓓是不是天天练琴？"我支支吾吾地说："练，就是……不太……不太……哦，对了，就是不太认真。""不认真练还不如不练！蓓蓓，你这孩子真没出息！"

我怎么也没想到刚回到家的舅舅会发这么大的火。瞧，泪水又从那红扑扑的脸蛋上滚落下来了。

吴勇专辑

　　吴勇，"童化作文"教学的倡导者，江苏省特级教师。人大复印资料《小学语文教与学》《新作文》杂志编委。

　　分别在省市优质课评比中获得一等奖。相继成为《语文教学通讯》《小学教学》《新作文·小学作文创新教学》等杂志的封面人物。近年来，《人民教育》《中国教育报》等报刊先后用大篇幅文字深度报道了"童化作文"教学；先后出版《儿童写作论》《童化作文：浸润儿童心灵的作文教学》等专著三部，其中《童化作文：浸润儿童心灵的作文教学》被教育部确定为"国培计划"推荐课程资源。

"童化作文"教学

习作教学对儿童来说，具有开创意义和原点价值：其一，这是一个重要的起点。小学阶段，儿童刚刚开始学写作，培养他们对写作的态度至关重要，因此，在这一阶段，对写作意义的认识高于写作知识的传授，对写作兴趣的培养重于写作技能的训练。其二，这是一个准备的阶段。在这个阶段，不必重视写作的成果，而应丰富儿童的内心世界，加强写作意识的培养，为其将来成为具有写作习惯和写作责任的成人奠定基础。其三，这是一段守护的岁月。写作教学的逻辑起点不是主动适应社会，自觉被成人世界同化，而是在社会生活中发现、生成、创设可能的、富有童年意味的生活，以丰盈童心，留驻童真。因此，儿童写作是习作教学的标志性特征，它是以儿童为主体，以儿童文化、儿童精神为背景，以儿童当下的现实生活作为内容的一种可持续性的教学，它独特的精神底蕴和文化构造，体现着一种鲜明的教学理念，隐喻着一种朴素而真切的教学走向。

一、梦想：最丰富的写作资源

不少教师看到儿童写作时无话可写，内容空洞，就认为繁重课业负担隔断了儿童与生活的联系，阻碍了儿童对生活的体验，于是提出写作要走向生活，要从生活中汲取源头活水。殊不知，儿童时时处处都生活在新鲜动感的生活中，他们自身就拥有一座取之不竭的生活富矿——"梦想"。"儿童具有游戏心态，儿童具有童话（神话）心态，一句话，儿童具有梦想心态，这个心态创造了一个生机盎然、充满了人情人性的世界"。① 这就是儿童的真实世界，习作教学只要真正融进这个世界，与儿童的梦想一起飞翔，写作资源就会无时不有，无处不在，习作教学就会变得有声有色，有滋有味。面向儿童的习作教学，它的意义就在于主动发现儿童的梦想，自觉走进儿童的梦想，顺势引导儿童用言语表达自己的梦想；作为教师，只有拥有童心，才能走进儿童的梦想世界；只有顺应童心，与儿童一起做"梦"，才能给习作教学创造契机。

（一）"绝望岛保存到今天会怎么样？"

读完《鲁宾逊漂流记》，沈大宁突然问："绝望岛保存到今天会怎么样？"我反问："你希望它是个什么样子？"他说此时"绝望岛"已是一个旅游胜地。想想看，当你再次登上绝望岛时，你会看到怎样的情景呢？这或许又是一篇新小说。在我的鼓励下，沈大宁很快写成了一篇《绝望岛之旅》，这是名作新写。还有——

名作续写。一部作品，有的故事的结局是儿童内心期待的，而有些结局却是他们不愿意看到的，甚至不想接受的。于是我引导儿童去创造属于他们自己的结尾。例如，李凯卫同学读了 E. B. 怀特的小说《夏洛的网》，觉得不过瘾，重新创作了小说的结尾——当蜘蛛们学会了"写"字……

名作补写。在儿童文学作品中，有些地方比较模糊，这是作家有意在布白。我正是利用这样的布白去召唤儿童的想象，根据各自的生活经验进行"补白"。例如，林海音的《城南旧事》中关于疯女秀贞和妞儿的悲剧，写得非常含蓄和简略。唐泱泱同学读到这部分，觉得被火车压死的不一定是秀贞和妞儿，她们的命运已经够惨了，结局不应该是这样的，于是，她在后面的章节中补写了《秀贞妞儿回来了》。

名作串写。读一部曲折动人的儿童文学作品，儿童会身临其境：当主人公高兴时，就想走进故事，和他们分享喜悦；当主人公遭遇不测时，就想立即跳进故事中，为他们排忧解难；当主人公受到磨难时，就想飞进故事中，与书中的坏人展开殊死搏斗。在不知不觉中，儿童已经融进

---

① 刘晓东：《儿童精神哲学》，南京师范大学出版社 2003 年版，第 253 页。

故事，成为故事中的一分子。罗晓佳同学读了曹文轩的《青铜葵花》后，特别喜欢书中的葵花，在葵花独自一人去江南摘银杏的途中，她也走进了故事，写下了《江南，我遇到了葵花》。

文学的力量，让儿童成了幸福的阅读者；梦想的力量，让儿童成了自觉的创作者。他们的梦想，将阅读变得更加贴近自我，变得更加润泽而丰厚。

（二）"我要是那只飞翔的垃圾袋就好了！"

北风呼呼，大课间活动进行得热火朝天，突然陶培俊指着天空叫起来："快看呀，一个垃圾袋飞上天了！"看着扶摇直上的垃圾袋。孩子们七嘴八舌地议论开了：

"真像一只大风筝，在空中自由自在地飞！"

"我看像飞艇，我要是能坐在上面该有多美呀！"

"这肯定是一只喜欢飞翔的垃圾袋！飞翔可能是它一直的梦想，今天它终于实现这个梦想了！"

于是我对大家说："孩子们，会飞翔的垃圾袋，很少见到吧！它一定很神奇，它一定有梦想，只要我们走进它的世界，可能会发现一段美丽动人的故事……

像这样的场景在校园中经常遇见：一只野猫闯进了孩子的视野，这只猫是从哪里来的，它为什么生活在校园里，它现在又住在哪里？于是"校猫"的故事便在每个人的心头开始酝酿；秋风瑟瑟，校园人工湖上的涟漪随着风向在不断聚集、扩散。此时孩子的心头正在上演着一场风和湖的大战，太阳、艺术楼的倒影、岸边的杨柳、湖边的鹅卵石成了各自故事中的角色。

梦想，让儿童与周围世界建立了联系；童话，让儿童与现实世界发生了诗意的对话。"没有童话，没有活跃的想象，孩子就无法生活；没有童话，周围的世界对于他就会变成虽说是美的但却是画在画布上的画了，童话却能赋予这幅画以生命。"[①] 走向儿童的习作教学中，童话就是开启

---

① 《苏霍姆林斯基选集》，第3卷，蔡汀等编，教育科学出版社2001年版，第40页。

儿童言语的独特密码，梦想就是走向儿童言语和精神世界的敞亮通道。

（三）"摸摸雨，一定非常爽！"

窗外秋雨绵绵，孩子们都扒在窗台内，探着小脑袋欣赏着雨。这时徐阳阳说："用手摸摸雨，一定非常爽！"他这一说，就有几个男孩子跃跃欲试，向我递来商量的眼色。我点头，孩子们欢呼雀跃，一时间，窗外、阳台边伸出了一只只小手臂，雨水滴在孩子们的手上，纷纷开出了美丽的雨花。"被雨抚摸的感觉真舒服呀！""老师，你看，小雨珠在我手上跳舞！"孩子们的欢呼声立即吸引了隔壁班级的同学，他们也情不自禁地向雨中伸出了手。这时雨滴变小了，细细的雨帘变成了断线的珠子。"孩子们，你们淋过雨吗？"他们不约而同地摇头。"这样吧，到楼下去，在雨中走一走，感觉一定更爽！"平日雨天藏在父母雨具下的男孩子们一哄而下，他们张开手臂，面朝天空，载歌载舞。回到了教室，他们神采飞扬，兴味盎然。我把握时机，让大家自由说说在雨中的感受。因为有亲身体验，孩子们想说的话越来越多，想说的孩子也越来越多。我说："既然大家这样喜欢雨，就让雨在你们的稿纸上'下一下'吧，看谁下的雨最大，看谁下的雨最美，看谁下的雨最欢！"孩子们欢呼着拿起笔，雨在他们的笔下活泼而率真，真实而诗意。

童年在童心的驱使下，会萌发许多梦想，但是总是等不到成人世界的应答，于是梦想渐渐失去了原动力，儿童变得不再有梦想。"泯灭儿童期的幻想就等于把现存的一切变为约束，使儿童成为拴在地上的生物，因此就不能创造天堂。"[①] 面向童年的习作教学，应当走在儿童圆梦的路上，除了主动去回应梦想，还应该积极去帮助儿童实现梦想，因为梦想的意义不仅仅是为了丰富童年的体验，更是为了引领儿童用言语"创造天堂"，抒写一段弥足珍贵的童年历史。

（四）"我也做过这样的'小偷'！"

带领四年级的孩子学习白居易的《池上》，诗中"小娃撑小艇，偷采

---

① 波特兰·罗素著：《论教育尤其是儿童教育》，欧阳梦兰等译. 文化艺术出版社，1988年版，第558页。

白莲回"中一个"偷"字，一下子引起了孩子们的好奇：白居易怎么将一个小偷写进自己的诗呢？通过联系诗境，激烈辩论，查阅字典，孩子们恍然大悟：原来诗中的"偷"不是"偷窃"，而是"瞒着大人做事情"。这时我发现孩子们的眼睛变亮了，沈碧辉忍不住喊出声来："老师，我也做过这样的'小偷'，暑假里我在老师家补习英语，偷摘过没有成熟的梨子。"一石激起千层浪：有的说偷看过姐姐的小说，有的说偷看过电视，有的说偷吃过冰淇淋，有的说偷看过爸妈年轻时的相片……我顺势而导："'小娃撑小艇，偷采白莲回'的情景被诗人白居易记录在诗里，千古流传，打动了许多人的心，也唤醒了许多大人美好的童年回忆，你们想不想也学学诗人，将自己美好的童年瞬间用文字记录下来呢！"。

"偷"是童年的游戏，是童年的秘密，更是每个孩子童年的梦想。许多童年的乐趣和印记都与"偷"有着割舍不断的情结。扣住一个"偷"字，就意味着打开了童年梦想世界的闸门，一段段精彩、刺激的童年趣事就会喷涌而出。因此，走向儿童的习作教学，既要关注儿童当下的梦想，又要唤醒儿童曾经的梦想，既要帮助儿童达成梦想，还要激活儿童已经达成的梦想；适合童年的习作教学，就是要用梦想去叩响童真的心弦，去点亮童心的明灯，去生发童趣的触角，去丰富童话的言语。

童年就是儿童用童话编织起来的神奇的世界，用游戏搭建起来的自由世界，用活动构筑起来的动感世界。因此，童年就是每一个儿童美丽的梦！"我不赞成给孩子灌输太多实际的东西，而应该鼓励他们去梦想、空想。所以我觉得我们的语文教育应该给孩子以梦，给孩子一个'精神的底子'。"① 面向童年的习作教学，就是给儿童梦想的权利，就是给儿童营造梦想的世界，当教学引领儿童踏入这个世界时，他们的四肢就会自然伸展，所有感官都会苏醒，言语和精神的世界就会变得澄明敞亮。此时我们就会真正发现：每一个儿童本身就是一座五彩斑斓的写作资源库，每一个儿童本身就是一部精彩绚丽的童书。

---

① 王丽，钱理群：《中学语文课本神化和庸俗化了鲁迅》，《北京文学》，1998 年第 7 期。

二、交往：最真实的写作动力

儿童为什么畏惧写作，最根本的原因在于缺乏真实的动力。写作前，没有明确的指向，儿童不知道为何而"作"，没有鲜明的对象，儿童不清楚为谁而"作"；写作时，没有言语状态，儿童不清楚该选择怎样的话语方式；写作后，没有交流的机制，儿童无法体验到作后的成就感。因此，写作对于儿童来说，就是一种为文"制造"，而不是为人的"生成"。走向儿童的习作教学，应当引领儿童回归到写作的原点——言语交往，不仅是应实际生活之需，作为自然人、社会人、物质人"生存着"，而且积极能动地表达自我、实现自我、完善自我，作为心灵丰盈、思想自由的言语人、精神人，诗意地创造着，自由地有意识地"存在着"。①

（一）基于交往——"慢慢走，欣赏啊"

案例：《欢乐端午节》

主题一：阅读端午

作前活动：利用网络、图书馆等资源，分"端午的来历""端午的习俗""千奇百怪的粽子""端午诗文"等四个专题收集资料。

写作内容：之一，在中国文化国际交流会上，有一位外宾对中国的端午节非常感兴趣。如果你就在现场，你会怎样向他介绍呢？请为你的发言撰写一篇解说词。之二，为了让更多的人了解端午，请你为端午节设计一条公益广告语。

主题二：欢乐端午

作前活动：采访老师和食堂的师傅，了解粽子的制作方法；班级准备粽子叶、糯米等材料，举行包粽子、品尝粽子等活动。

写作内容：以"我的粽子诞生记"为题，介绍自己的第一个粽子的制作经历，与伙伴、亲人分享自己的快乐。

---

① 潘新和：《语文：表现与存在》，福建人民出版社，2004年版，第7—8页。

主题三：品味端午

作前活动：每人从家里带来一只最有特点的粽子；班级举行"五花八门的粽子"展示会；交换粽子，品尝粽子；评选班级"粽子王"。

写作内容：之一，给自家的粽子起一个名字，写一篇"粽子说明书"；之二，以"粽子展评会"为题，写一篇新闻报道，宣传我们班的活动。

这个端午节，以慢镜头的形式，将一帧一帧快乐动感的画面留在儿童的脑海里，让他们记住了端午，用言语留住了端午。这个端午节，儿童们对写作乐此不疲，是因为他们有体验、有感悟。在"阅读端午"板块中，让儿童以形象大使的身份，用解说词、广告语推介祖国的传统节日，主人翁的角色让他们对工作充满了荣誉和责任感；在"欢乐端午"板块中，让儿童做创造大使，充分体验到成功制作粽子的愉悦，用文字与同伴和亲人分享自己的成果已经水到渠成，欲罢不能；在"品味端午"板块中，儿童成了欢乐大使，为自己家的粽子撰写"说明书"，为"粽子展评会"写新闻报道，与其他年级、班级分享自己的快乐，分享集体的快乐。

（二）为了交往——"山雨欲来风满楼"

案例：《鸡毛毽飞起来》

1. "一地鸡毛"引发了话题

这一节是语文课，我比往常提前了几分钟进教室。女生们在教室外面露出怨色，男生三个一群，五个一组，在教室前后拉开了战场，五彩的鸡毛毽上下翻飞，喝彩声一片，讲台偏离了中线，大多数桌椅东倒西歪。上课铃响了，教室里拉桌子的声音、开文具盒的声音、翻书声响成一片，课堂充满了躁动。

2. "鸡毛毽"命运之辩论

下课铃响了，我一本正经地宣布："从今天开始，严禁在课间踢鸡毛毽!"男生一片哗然，表示出强烈的不满："吴老师，为什么不让我们踢？"而女生一片欢呼："吴老师，你早该禁止男生在课间踢毽子了！"教室里壁垒分明，我说："在今晚的晚自习课上，大家不妨就'课间是否可以在教室踢毽子'举行一场专题辩论会，请各自选定立场，准备好辩论稿！"晚上 6：30，一场关于鸡毛毽命运的男女生辩论赛准时拉开序幕——

郭临风：首先，课间是同学们的休息时间，至于我们如何支配这个时间，是我们的权利。我们可以看书，也可以踢毽子，作为老师，不应该干涉我们的自由；其次，《小学生守则》《学校日常行为规范》中哪一条规定我们不能在教室里踢毽子？既然没有规定，那就是可以踢，吴老师不让我们踢毽子，这可是侵犯我们的人权！

许潇铃：你知道什么叫人权吗？你们在教室里享受人权，可知道你们侵犯了我们的人权？一下课，你们就把我们女生赶在教室外面，外面北风呼呼，冻得我们女生脸发紫，手通红，不少人得了冻疮，就是你们男生惹的祸！上课了，我们匆匆进了教室，还要手忙脚乱地整理桌椅，准备上课用品，记得有一次，我的语文书被你们随意摆放到其他人的桌子上，害得我整堂课都心不在焉，一直为语文书的下落提心吊胆！你说，你们男生享受踢毽子的权利，可是也不能伤害我们女生的权利呀！

沈大林：其实，我不会踢毽子，但是我知道下课踢踢毽子有好处：一是可以放松一下紧张的神经，让我们更好地投入下一个课时的学习；二是"生命在于运动"，课间踢踢毽子，可以强身健体，你们女生有那么多人生冻疮，知道为什么吗？那是因为你们女生不爱运动，就喜欢像麻雀一样喳喳叫，要是你也来踢踢毽子，我们男生一定敞开大门，欢迎你们加入！

肖　炜：知道我们女生为什么课间不在教室里踢毽子吗？那是因为有三个原因：其一，你们男生踢毽子把教室搞得乌烟瘴气，灰尘满天，我们女生在教室里根本呆不下去！其二，教室是大家的学习场所，而不是运动场。在课间，我们可以为下堂课做好准备，可以读读课外书，可以订正作业，可以预习新课内容，可是你们男生却根本不考虑大家的利益，任由自己妄为！其三，每一节课开始时，我们班总是闹哄哄的，有的擦汗，有的拉桌子，还有的不小心将文具盒摔在地上，你们怎么不看看老师的脸色？你们怎么就不考虑老师的权利？知道吗，现在有很多老师都不喜欢到我们班上课，老师上课心情不好，肯定也教不好，耽误了大家的学习，这责任你们男生担负得起吗？

一阵唇枪舌剑，"真理"似乎越辩越明，女生已经稳稳地占据主动地位；男生的声音渐行渐弱，只是在亦步亦趋。此时该我出场了："听了大家刚才的辩论，我很受教益，既然男同学这么喜欢踢毽子，如果我一下子禁止，的确有些不近情理；不过女同学也说得有道理，踢毽子应当选择合适的时间和地点，不能侵害别人的利益！"不论男女学生，都点头称是。"为了表彰大家参与辩论的热情，我决定在下周一举行一次'男女生鸡毛毽对抗赛'，欢迎大家踊跃参加！"教室里一片欢呼。

3. "鸡毛毽"男女对抗赛

一声哨响，比赛正式开始。由于男生经常练，因此女生显得不堪一击。第三场"花样踢"，男生大显身手，什么"龙卷风""踢里转""蹬外踩外转"……让大家目不暇接，连一向挑剔男生的女孩子们也不禁鼓起掌来，最后男生大获全胜，最后大家还评出了"毽侠"和"毽圣"。比赛结束后，大家兴高采烈地回到教室，仍然沉醉在比赛的火热氛围中。另一场关于写作的对话又拉开了序幕——

师：今天的比赛有意思吗？

生：太精彩了，我第一次发现鸡毛毽原来这么好玩！

师：可惜呀，这么好玩的事情只有一个班级的同学参与！

生：没有关系，我们可以讲给他们听！

师：那只有个人知道呀？怎样让更多的人来分享我们的快乐和精彩呢？

生：将比赛经过写成文章，张贴在年级的橱窗里，或者发在学校网站上，这样就有更多的人知道我们班的趣事了！

师：写下来，是个好办法，可是怎样写才能让没有参加活动的人都能身临其境呢？

生：重点写"毽侠"和"毽圣"表演的场面，将他们的动作、神态、语言写具体！

　　师："重点""写具体"这两个词用得好！

　　生："花样踢"最精彩，我就写几种高难度的花样踢法。

　　师：这是比赛中最扣人心弦的部分，不能不写，而且还得重点写！

　　真正的写作从来都是为了应时应事，沟通交往。本案例中进行了两次写作活动：一是辩论活动，这事关鸡毛毽活动能否在教室里存在，男同学曾经拥有的快乐能否延续，因此，写作辩论稿已经真正回归到写作的本意——用文字阐明观点，说服别人，建立交往。二是鸡毛毽对抗赛，活动的精彩和欢愉激发了儿童交往的欲求，使其迫不及待地要将自己的体验与伙伴和亲人分享，这时写作成了儿童交往欲求的即时性应答。习作教学的本质就是在儿童心灵和周围世界之间建立一个言语的应答机制，一旦确立，儿童写作就会应时而生，应事而为，变得自然贴切；作为一种言语应对，涉及"角度、基调、人称、语气、视点、语感"[①] 等一些策略性知识的选择，于是写作智慧也在悄然孕育。在这两次交往中，矛盾在言语交往中得以化解，儿童的主体地位在交往中得到了认同，儿童对道德的认知在交往中得以提升，更重要的是儿童的行为已经转化为写作资源，儿童的情感已经转化为言语动力，习作教学于无声处拉开了序幕，儿童不由自主地进入了言说的角色。

（三）在交往中——"谁动了我的语言"

　　教师修改学生的习作，似乎是天经地义的，教学管理部门和教研部门对儿童习作的修改也有诸多要求，譬如该使用什么修改符号，边批要达到多少条，总批该如何写，等等。可是儿童对教师花了大量时间来修改的习作到底持何种态度呢？我曾经对班上的 40 个学生做过调查，获得的信息令我震惊。（见下表）

---

① 　马正平：《高等写作学引论》，中国人民大学出版社，2002 年版，第 270 页。

教师批阅习作反馈情况一览表

类型	认真阅读	只看等第	读不懂批语	不理解教师的修改	很多语句被删掉，很心痛
比率	10％	40％	15％	20％	15％

　　为什么有那么多儿童对教师付出的劳动不屑一顾呢？为什么有那么多孩子对教师的修改感到匪夷所思呢？细细琢磨就会发现：教师尊重儿童的劳动成果了吗？让儿童享受到写作的快乐了吗？儿童习作走向教师之前，还缺少一个重要的环节——交往。接受美学告诉我们，儿童习作只有经过充分交往才能成为真正的作品；儿童心理学提醒我们，儿童的行为需要教育者的鼓励和赞赏，才能激发起更加强烈的参与和探究欲望。因此，写作教学有责任为儿童打造交往的平台。首先，大声诵读。当习作完成后，要让儿童对着同伴、对着父母、对着教师诵读自己的作品。作为听众，家长、老师要怀着欣赏、赞赏的情绪走进孩子的习作中，要舍弃品头论足的挑剔心态，做到不打断、不补充、不急躁，对儿童习作的不足要予以足够的宽容；其次，儿童诵读还是一种自我交往，即"现在的我"和"过去的我"进行对话。"我写作中有一个窍门，一篇文章写完了，一定要再念再念再念，念给别人听（听不听由他），看念得顺不顺？准确不？别扭不？逻辑性强不？"[①] 诵读的过程其实是儿童对自己的习作进行诊断和修改的过程。再次，及时发表。这里的发表可以是儿童报刊上的刊登，但更多的是群体性展示，只要文通字顺，言之有物即可在校内展示：如教师在班上朗读，在班级、年级的板报上登出，在班级的习作墙上张贴，在儿童的个人博客上粘贴，等等。让每个儿童在交往中都能感受到"我写故我在"，充分享受到写作带来的荣耀尊严。最后，互动评点。一篇习作完成后，成人的点评和评改要有意滞后，但是儿童之间的"同伴引领，异质交流"要及时跟进。利用教室里的空白墙壁，让儿童自由将习作张贴，让班级的所有孩子动眼、动嘴、动脑、动笔，充分浏览、赏读、品评、修改；利用网络，利用校园网、专业的作文网，

---

　　① 邱仕华：《老舍的文章修改观》，《闽西职业大学学报》，2001年第1卷。

为儿童创建固定的交流空间，让儿童主动将自己的习作张贴上去，通过留言板的形式实现互动。在交往的平台上，不仅延伸了习作教学的过程，而且让儿童享受到交往带来的快乐。

走向儿童的习作教学，它基于交往，它为了交往，它在交往中，交往不是它外在的工具，而是它内在的本质。因为交往，写作成为儿童真切的需要，成了一种真实的生活存在；因为交往，儿童获得了真实的写作资源，从内心迸发出一股表达的力量；因为交往，儿童从写作过程中体悟到精神的丰盈和成长的愉悦。

三、文心：最持久的写作指导

当下的习作教学，教师把更多的精力放在如何教儿童写作上，但对儿童的作文水平却缺乏足够的认识，对儿童写作行为的发生知之甚少，每次习作教学都从零点开始，不管儿童是否有类似的经历和写作经验，因而指导缺乏针对性；还有些教师是一堂课主义，以知识技能为儿童搭建起写作的框架，教学过程就是本次习作的建模过程，不考虑儿童言语的可持续发展。因此，所谓写作指导，就成了一种外在于儿童精神世界的作文行为规划和约束，而内在于儿童言语和精神深处的写作意识培养，却一直被忽视。事实上，正是这被冷落的写作意识才是儿童写作的源泉之所在，这属于一个人的文心。小学阶段是儿童写作的起步阶段，更是一个人写作的准备阶段，所有的作文指导应当重在养心——以儿童行为为主体，以儿童文化、儿童精神为背景，注重文心的修炼和涵养，为培育未来有写作意识、有写作责任的写作者做好积淀，打好基础。一颗饱满的文心应该包括这样几个基本元素：

（一）自我心

课例：藏在名字里的秘密

1. 名字里藏有秘密

孩子们，你了解咱们班同学吗？今天我们来做一个游戏——猜字谜，谜底就是咱们班同学的名字，想试试吗？——猜猜他（她）是谁？（出示）

家藏美玉　人中骄子

如果细细地琢磨一下名字，你就会发现名字里藏着小秘密呢！（出示课题：藏在名字里的秘密）想猜一猜吗？

李国庆　　钱重阳

陈鲁豫　　王沪生

2. 藏在我的名字里的秘密

课前，老师布置大家采访自己的爸爸妈妈或爷爷奶奶，了解藏在自己名字中的秘密，你们都记下来了吗？想不想与大家分享呢？

3. 为我的名字蕴藏新秘密

如果给大家一个机会，想不想给自己再起个新名字呢？你喜欢写作，不妨给自己起一个笔名；你喜欢上网，不妨给自己起一个网名；你喜欢英语，不妨给自己起一个英文名……可以写写新名字的含义和由来，还可以说说新名字寄托的愿望，甚至可以想你有了这个新名字后，会发生怎样的故事呢？

"如果一个人出自内心需要而写作，把写作当成自己的精神生活，那么他首先必须为自己写作的。"[1] 美国加利福尼亚州写作评价项目规定，儿童必须学会八种类型的写作技巧，其中"自传类叙事文"排在首位[2]。由此可见，习作教学中，"我"是最大的写作资源，一切教学指导都必须从"自我"出发——"我"的生活，"我"的经历，"我"的体验，"我"的情感……离开了这样的逻辑基点，儿童写作就是代教师、代教材、代他人立言，与儿童的精神世界渐行渐远。本案例教学就是典型的"自我"写作：首先，面向当下的"我"，每个儿童都拥有的丰厚资源——名字，每个名字里面都蕴涵着丰富多彩的含义，每个名字后面都蕴藏着一段曲折动人的故事；其次，面向可能的"我"，儿童的未来面临着巨大的可能性，名字作为一种文化代号，不是一成不变的，在不同的言语环境和文

---

[1] 　周国平："私人写作"，《各自的朝圣路》，北岳文艺出版社 2004 年版，第 55 页。

[2] 　王爱娣：《美国语文教育》，广西师范大学出版社 2007 年版，第 111 页。

化背景下，名字也会衍生出多元的面孔——网名、笔名、艺名、英文名，等等，这也为儿童的写作活动提供了丰富的想象和创造空间。因此，本次教学活动完全以儿童为主体，是儿童自身资源的开发，是儿童对自身过去故事的发掘和未来可能故事的畅想，完全属于"我手写我口，我口写我心"。走向儿童的习作教学应当从这里出发，沿着每个鲜活的"自我"成长轨迹前行，逐步由"自我"走向"自我的世界"，再渐渐走向"自我观照"的自然世界和社会生活。

（二）开阔心

在"我们班的卡通节"主题习作单元中，我设计了这样的训练流程："说卡通"——介绍你最喜欢的一个卡通人物；"画卡通"——设计一个卡通人物，为你的创意写一篇解说词；"写卡通"——想想你和卡通人物之间发生的新故事。在交流环节出现了这样的场景：

生1：我设计的卡通人物叫"宇宙××战士"。他有三只眼睛，能够识别一切隐藏在我身边的危险；他身着一身金色的铠甲，即使最先进的激光也别想打穿它。一次，宇宙中一个最坏的怪兽来到了地球，吸干了海水，毁坏了庄稼，这时，我骑着天马和宇宙××战士在空中出现了。宇宙××战士先使用他的天马拳，打掉了怪兽的一颗牙齿，怪兽发火了，使出高能量激光枪，只听"嗖嗖嗖"，数百颗子弹射了过来。宇宙××战士也不甘示弱，用自己的高强度盾牌来阻挡。就这样，和怪兽打了几百个回合，最后，宇宙××战士把怪兽甩向天空，亮出他最大的法宝——穿天神剑，把宇宙怪兽一分为二。

生2：他的头像一只猫，因此，我叫它"猫侠"，他不仅具有飞檐走壁的功夫，同时还会许许多多的魔法。一天，我和"猫侠"目不转睛地欣赏电视节目。忽然，晴天霹雳，天裂开了一条大缝，从天上掉下一个巨大的怪兽，吓得人们四处逃窜。这只怪兽踩死了许多人，推倒了许多大厦。在这紧要关头，猫侠站了出来，不知念了什么咒语，变得跟怪兽一样大了。猫侠用棍子对怪兽猛打，可怪兽不甘示弱，刘猫侠拳打脚踢，就这样，他们拳来脚往，直杀得天昏地暗，最后猫侠和怪兽同归于尽了。

当下的儿童，深受网络游戏和动漫文化的影响，满脑子都是战神、怪兽，渐渐地也把自己幻化成其中的一分子。这种英雄情结在儿童的游戏中、日常交往中随处可见。当然，其中不乏真善美的表现，但是，如果在儿童的世界中仅仅只有这些，原本开阔的心灵世界就会窄化成一方之隅。走向儿童的习作教学，应当将儿童的写作引向多元和丰富：譬如教学空间，不是将儿童圈禁在狭窄的教室，而是带领儿童走进生活，融进自然，获得更加鲜活生动的情感体验；譬如写作活动，不是让儿童依瓢画葫芦再造，而是要让儿童八仙过海，各显神通；譬如写作素材，不是遵循儿童原有的认知，由一个端点走向另一个端点，而是通过对话交流、头脑风暴，突破时空的限制，从点走向面，从面走向多维的立体空间；譬如写法引导，不是中规中矩模仿范文的套路，而是从儿童的个性体验出发，让童心绽放出千姿百态；譬如作后讲评，不是百川归一，而是让不同造型、材质的船儿都能百舸争流，一展风采。当教学的天地开阔，美丽的童心就会展现出天女散花般的自由，营造出鹤舞长空般的心境。

（三）柔润心

某次去一所乡镇学校参加教研活动，在该校的橱窗里无意间读到了一篇《杀甲鱼》的习作，其中的描写让我瞠目：

爸爸先把甲鱼倒入水槽里，只见那甲鱼不停地在水槽里爬来爬去，还不时用绿豆眼好奇地望望我和爸爸。我心想：好你这只甲鱼，死到临头了还那么坦然。这时，爸爸拿出来一根筷子，去引诱那只甲鱼，甲鱼以为敌人来了，猛地咬住筷子不放。爸爸轻轻地把筷子往外拉，甲鱼的长脖子已经露出了大半，爸爸眼疾手快，趁势一刀下去，甲鱼顿时身首分家，断了气。爸爸又把甲鱼的脖子剖开，取出了五脏六腑，洗得干干净净，令我吃惊的是，开膛破腹的甲鱼竟然还在手舞足蹈。

在不少儿童的眼中，生命仅仅属于人类，或许只局限于亲人。只有亲人的离去，才会引起生命的痛觉，因此，面对鲜活的生命的毁灭，没有一丝悲悯。走向儿童的写作指导，要从柔化儿童的心灵开始：其一，感知生命。引导儿童感受生命色彩的绚丽缤纷，体察生命形态的丰富多姿，经历生命历程的变化多端，体悟生命精神的美丽坚韧。观察，可以让生命在儿童的心田鲜活诗意起来；观察，可以让儿童的心灵细腻柔软起来。其二，阅读生命。回到文学作品中，不失为聆听生命呐喊的最佳途径。《情豹布哈依》《老象恩仇记》《狼王梦》以及《昆虫记》，给儿童展示了一幅幅鲜活的生命画卷，让他们看到了"除我们人类以外，地球上还有许多生命是有情感有灵性的，它们有爱的天性，会喜怒哀乐，甚至有能分辨善恶是非的能力。"[①] 在这样的小说、童话里畅游，或许对生命的存在会多一分珍视，对生命的毁灭会多一分怜悯。当生命意识在儿童心中复苏，他们对生命的神圣和敬畏之情就会油然而生，笔下流淌的文字就会变得温润而美丽。

（四）朴实心

教四年级时，邻班孩子的一篇习作在教研组引起了争议：

有一天，我和妈妈走在路上，忽见两只纠缠在一起的狗，我擦亮眼睛一看，原来是一只狗向另一只狗求偶，另一只狗显然很不耐烦，一直尝试着挣脱求偶的狗（以下简称狗1、狗2）。而狗1却追着狗2不放，直到它们俩从我的视线里消失。

事后，我想，这不就是我们要学习的坚持不懈的精神吗？任何事，只要你用心去做，最后没有办成，才是天大的怪事。"世上无难事，只怕有心人。"这句名言说得是那么好，只要坚持不懈，努力奋斗，总会达到你的人生目标。

"坚持不懈，坚持不懈"。每当我遭遇困难时，这个场景就会清晰地浮现在我眼前。

狗求偶在乡间生活中常见，儿童写它，属于日常叙事，无可厚非，但是却把坚持不懈的主题与之关联，确实具有戏剧效果。其实，这并非是儿童的自然阐发，而是习作指导中的传统机制使然——有事必有感。

[①]　沈石溪：《斑羚飞渡》（代前言），蓝天出版社 2006 年版。

因此，在大多数儿童习作的结尾都能读到这样的句式："通过这件事，我们明白（懂得）了……""每当我遇到了困难，这件事就会浮现在我眼前……"儿童有自己独特的话语方式，词汇虽然不丰富但很生动，表达不够规范但有灵性。作为教师，不要给予儿童太多的技法指导，否则，便遮住了童性中最闪亮的内核——质朴。走向儿童的习作教学应轻装上阵，真正让写作成为儿童自己的事情。

当然，文心中还蕴含敏感心、诚实心、自由心等，此处不再赘述。总之，走向儿童的习作教学，就是要孕育内心世界丰富的儿童，教学的目的不是教会儿童如何去言说，而是为了让儿童内心萌发言说的自觉；写作的目的不是让儿童言说什么，而是为了使儿童拥有言说的力量。

（吴　勇）

范本课堂

让习作与儿童的欲求同构共生
——五年级习作课"草莓红了"教学历程

一、备课历程

春暖花开，每天，从在校园正门南侧的草莓园都会运出一袋袋鲜红的草莓，孩子们看了，非常想走进草莓种植大棚，过一把采摘草莓的瘾。于是我们"童化作文"教学便从这里出发了——

其实，这次习作教学是由一次次意外的发现和收获链接而成的。当时，我任教五年级的一个寄宿班，有一半孩子来自全国各地，从周一到周五都生活在全封闭的校园内，即使周日，家长们也很少有机会陪伴他们。因此，孩子们对新鲜、新奇的生活充满着渴望。

有一天，孩子们突然提出摘草莓的请求，我完全可以委婉回绝。可是，当我和孩子们热切的目光对视时，所有的坚持都土崩瓦解。经过向学校申请、向校长保证安全、联系草莓种植园主等一系列繁琐的手续，我们的"草莓行动"终于浮出了水面。这次校外之行来之不易，作为语文教师，在孩子们兴高采烈地做出行准备的时候，我已经开始了我的"童化作文"课程谋划。

在采摘草莓的环节中，引导儿童留心观察、细细体验；设计"评选草莓大王"活动，激发儿童用内在的言语展示自己的观察和感受，给这次习作加上一个华丽的结尾。就这样，一篇名为《摘草莓》的习作悄无声息地指导完毕。

孩子们满载而归，可是在途中，意外不期而至。孩子们纷纷跑到我跟前，说放在袋子里的草莓被挤成草莓汁了！原来他们一边走路，一边甩着袋子，草莓一下子变得伤痕累累、汁水横流。不少孩子准备随手丢掉，这怎么行？不能让原本完美的活动留下遗憾，我眉头一皱，计上心头。

回到教室，我让班长到食堂借来六个大瓷盘，并且告知孩子们，今天夜课搞一个"草莓拼盘展示会"，大家可以将宿舍里的水果带过来做辅料。全班欢呼雀跃。晚饭后，我将孩子们分成六个大组，要求每组以草莓为主要原料，合作设计一个水果拼盘，给拼盘取个有意思的名字，并将自己的创意写一段解说词，为了吸引别人的关注，每组还要创作一则广告语。展示活动热烈开展，孩子们的表达欲望空前高涨。

夜课下课铃声响了，我们班依然灯火通明。路过的孩子忍不住停下了脚步，一时间，前门、后门、窗前挤了个水泄不通。受到关注，我们班的孩子更加来劲了！我问孩子们，"草莓行动"引来了全校人的目光，大家想不想将这次活动的过程介绍给他们，让全校同学都来分享我们的快乐。孩子们异口同声地表示赞同，于是，一次新的表达契机又应然而生了！

就这样，我和孩子们不知不觉地将活动转化为习作教学指导，和孩子们一起滚雪球，将单篇习作发展成一个完整的主题性习作单元。原来，写作就是这么快乐，习作教学就是这样简单！

二、课堂回放

草莓的春天约会

1. 谈话激趣

（1）大家喜欢吃草莓吗？想不想亲手去摘草莓呢？

（2）今天，我们将一起走进美丽的草莓园，去了解草莓的生长情况，去感受摘草莓的乐趣！

2. 活动提示

在本次活动中，为了让大家玩得开心，有所收获，老师想给大家几点"友情提示"（出示）——

（1）和同学自由组成小组，每组进入一个大棚；

（2）进棚后，仔细观察草莓的叶子、花朵、果实；

（3）认真地倾听采摘草莓的方法，并按照要求采摘；

（4）在各组采摘的草莓中，将根据草莓的大小、形状、色泽三个方面评选草莓大王。

3. 采摘行动

学生进入草莓大棚，先由草莓种植园主介绍草莓品种和采摘方法，接着各小组在园主的指导下采摘。

4. 成果展评

（1）各小组挑选出一个有代表性的草莓；

（2）每个小组为自己的草莓做现场解说；

生1：大家看，我们组这个草莓可是"宝石"极的，它不但个儿特别大，而且红得发亮，远看是不是像一个晶莹透亮的红宝石呀？

生2：青青的叶梗像一顶翠绿的帽子，红红的身子像婴儿灿烂的笑脸，因此，我们给它取了个美丽的名字——"春天的笑脸"！

生3："万绿丛中一点红"，这就是我们可爱的草莓！它像一颗钻石，点缀着无边的大地！

……

（3）由教师、学生、园主组成小组，评出"金牌草莓""银牌草莓""铜牌"草莓；

（4）各组自由品尝草莓。

草莓拼盘展示会

已近黄昏，学生回到教室，袋中的草莓有的已经挤成了草莓酱，教室散发着一股浓浓的草莓香味，另一个习作契机已经悄然形成。我让学生去餐厅借来五六个盘子，再让学生去宿舍取来一些水果，一切准备就绪。

1. 说说拼盘

师：大家做过拼盘吗？

生：我没有做过，但是我看过、吃过！（大家笑）

生：我看妈妈做过，不过没有饭店里卖的好看！

师：老师今天带来了水果拼盘，想看一看吗？

（播放视频）

师：这叫"孔雀开屏"，这叫"八仙过海"……看到这么多有创意的拼盘，你想说些什么？

生：这些拼盘太精美了，不但可以大饱口福，还可以大饱眼福！

生：我想这些拼盘制作起来真不容易！

生：如果让我动手做一做拼盘，那该多好呀！

师：机会来了，今天晚上，我们就以草莓为主要材料，以苹果、樱桃、西红柿、桔子为辅助材料，来一个草莓拼盘大比拼！

2. 做做拼盘

（1）教师提出相关的要求。

A. 做拼盘——各组领取一个盘子，以草莓为主要材料，构思拼盘的图案。

B. 写拼盘——每组为自己制作的拼盘取名字，写解说词和广告语。

C. 赞拼盘——每组上台进行拼盘展示，评选"最佳创意奖""最佳解说词奖""最佳广告语奖"。

（2）各小组一起讨论拼盘的创意，并在小组内部进行分工合作。

（3）各小组进行拼盘制作和相关材料的撰写。

3. 比比拼盘

"红遍天下"

解说词：你知道什么是红遍天下吗？告诉你吧，就是我们小组苦心设计出来的水果大拼盘。看，天边有许多五颜六色的彩锦，那是织女刚织的彩霞。有蓝的，有红的，有紫的，有绿的……最吸引人的还是火红的太阳，它慢慢地下沉，一点一点，好不悠闲。它映红了山下的一条清澈的小河。岸边的野草野花在生长。岸上有形状各异的"苹果鹅卵石"。湖中间有一个小而圆的"小番茄喷泉"，正往四个水池里喷水。一切都那么富有春意。

广告语：红遍天下，让你心动！

春溢满园

解说词：看看我们组的杰作！我们组的拼盘名叫春溢满园。红红的草莓托着一颗开了花的樱桃番茄，四周还有橘子、苹果、樱桃番茄做点缀，哇噻，这真是太棒了！中间的樱桃番茄以上三分之二的部分用小刀切成八份，露出绿色的果肉和红色的外皮，四周用五颗草莓点缀，底下还有绿叶衬托着，橙黄色的橘子旁有几颗切开的樱桃番茄，掏空果肉后再加入草莓酱，妙趣十足！最外边配有一圈一圈的绿叶，真是美味又漂亮！

广告语：让睡意朦胧的草莓，成为我们春天最美好的回忆。

简 单

解说词：它没有火龙吐珠般华丽的外表，也没有春溢满园般的绚丽多姿，也不像和平宝莲花的冰清玉洁，它只有朴素的外表，只有几朵简简单单的小花，但这几朵简单的花却融入了我们的心血——在最后的十几分钟里，我们一次次改良，一次次失败，甚至想过放弃，但凭着不灭的希望之火，我们终于成功了！也许它不是最棒的，也不是最有个性的，但它是最简洁明了的。请永远记住它的名字——简单！

广告语：简简单单走天下，快快乐乐每一天！

火热的心

解说词：今天，我们组做了一个水果拼盘，取名为火热的心。盘子的中心用草莓做了一个心形，接着我们又用小刀把小番茄刻成花的形状，花正在绽放，我们仿佛已经闻到了花香。在草莓心形的前面，我们把一个苹果一切为二，把中间掏空，再放上一朵番茄花，其中又放了一朵金黄的油菜花，非常好看！最后，为了让拼盘富有大自然的气息，我们在盘子周围放上许多草莓叶子，这份水果拼盘一下子充满了勃勃生机。

广告语：捧一颗火热的心，献一腔真挚的情！

"草莓行动发布会"

制作和展示草莓拼盘的过程中，不断有教师被吸引，窗外也挤满了小脑袋，劝走一批，又围上来一批，真是络绎不绝。

1. 活动延伸

师：同学们，我们的"草莓行动"引起了全校师生的关注，有不少同学和老师到我们班打听这次活动的情况。大家想一想，我们可以通过什么办法，让全校的老师和同学，甚至更多的人一起分享我们这次活动的快乐呢？

生：将这次活动过程写成一篇新闻报道稿，向小报《南海潮》投稿，这样大家一下子都知道了这次活动的内容！

师：这是一个好办法！不过，新闻稿篇幅很短，如果想更具体地了解本次活动，该怎么办？

生：我们可以写一篇记叙文，发在校园网上，其他老师和同学就可以分享我们的乐趣了。

生：我们还可以以制作草莓拼盘为内容，写一篇记叙文，向报刊社投稿，这样就可以向更多的同龄人展示我们创造的风采！

师：好主意，让我们行动起来吧，用文字将更多的人带入我们快乐的作文生活！

2. 快乐分享

一路草莓香

龚彦皓

大家知道"水果皇后"是谁吗？我来告诉你，它就是草莓。

今天下午，吴老师带我们去草莓园摘草莓，每个人都兴高采烈，手舞足蹈，准备在草莓园里大显身手。到了草莓园，我使劲吸了几口气，顿时，草莓的芳香团团围住了我，啊，真是心旷神怡！

一进暖棚，我看见里面有好几个直直的小垄，上面覆盖着草莓的茎叶，在碧绿茎叶的掩映下，草莓显得更红了，有大有小，一个个棕色的"芝麻丁"嵌在上面，远远望去像一个红彤彤的小灯笼，美丽极了。草莓下面还有几瓣小叶子托着，像绿色的宝石。再闻一闻草莓，一股芬芳的香味直朝我鼻子里钻，真让我馋得垂涎三尺。

抓住一个很大的草莓，在工人的指导下轻轻一扯，草莓便离开叶蔓，躺在我的掌中。滚圆的身子上面盖着几片叶子，多像一个红彤彤的婴儿脸，上面戴着一顶小帽子！欣赏完我的第一个"成果"，我便左右开弓，"嗒——嗒——嗒"，一个个草莓涨红了小脸，纷纷跳进我的小筐里。

由于草莓大棚密不透风，同学们的脸上不一会儿就挂满了豆大的汗珠，不过谁也不在意。我们像捧着一筐宝贝，小心翼翼地走出大棚。我们在一块空地上，铺上一层塑料布，轻轻地把草莓倒在上面。经过反复比较，我们终于挑选出本组的"草莓大王"，准备与其他组一决雌雄！有几个嘴馋的同学实在忍不住了，立马拾起一个草莓，猛咬了一口，草莓汁溢满了嘴！

虽然我们仅仅获得了铜牌，不过大家都挺高兴，在回去的路上，大家谈笑风生，淡淡的草莓香撒满了乡间的田野和小路。

三、课例评析

习作教学如何走向儿童，并成为儿童精神生活的一部分，是"童化作文"教学重要的价值取向。本案例的教学中，我努力践行这样两个理念——

第一，习作教学应该"跟着感觉走"。这里的"感觉"是儿童的心理需求。纵观"草莓红了"这个案例，"草莓的春天约会"板块基于儿童对新鲜事物的好奇以及强烈的参与欲望，"草莓拼盘展示会"基于为儿童采摘的草莓寻求有趣的处理方式，"草莓行动发布会"基于让更多的儿童参与活动。整个教学过程，其实就是不断满足和提升儿童心理需要的过程，就是不断地将活动资源生成习作资源的过程。"童化作文"非常注重习作教学与儿童的需求的共时性——当儿童有游戏的需求和表达的欲求时，习作教学应当应时而生，顺势而导！

第二，习作教学应该"大雪无痕"。大多儿童谈"写"色变，其实他们拒绝的是严肃的习作教学面孔！在案例"草莓红了"中，我们看到的都是儿童的游戏："摘草莓"→"比草莓"→"做拼盘"→"展拼盘"→"行动发布会"，儿童忙得不亦乐乎，并且乐此不疲。不知不觉中，习作教学的过程已经潜藏在其中：实践，积累写作材料→展示，重点片断训练→交流，写作活动过程。知识和能力、过程和方法、情感态度价值观等三个目标价值在游戏这个平台上和谐地熔为一炉！"童化作文"教学认为：儿童的习作需要"儿童的方式"——通过营造"无为"的情境遮掩"有为"的习作动机，在生动活泼、喜闻乐见的活动中，悄无声息地积累了素材，蓄积了情感，实现了写作，从而达到"随风潜入夜，润物细无声"的教学效果。

一扇通向广阔童年生活的"窄门"
——六年级习作指导课"童年'偷'着乐"教学历程

一、备课历程

那一年，我教四年级，带着孩子学习白居易的《池上》。这首诗将儿童的天真、活泼、可爱表现得淋漓尽致。可是在对话中，不少孩子将诗中的"偷"与道德世界中的"偷"混为一谈，认为"小娃"是小偷。我在教学中正本清源时，不经意间触动了童年情思，往事像潮水一般涌现在脑海中。我转念一想，现在的孩子何尝不是这样？此时"开闸放水"，也许可以给课堂打开另一扇窗！

我问孩子们小娃瞒着大人"偷"采白莲，你们都曾经瞒着大人"偷"做过什么事？教室里顿时炸开了锅，"我偷摘过没有成熟的梨子"，"我偷看过电视"，"我偷吃过零食"，"我偷玩过电脑"……没有想到，一个"偷"字让教学峰回路转。情动则辞发，写作水到渠成——"小娃撑小艇，偷采白莲回"的情景打动了许多人的心，也唤醒了许多大人美好的童年回忆！孩子们，想不想也学学诗人，将自己美好的童年记录下来呢！

这是一堂随性而成的课，当一篇篇充满童趣的习作跃然纸上。教学似乎可以结束，但是我决定把这节课在六年级再试一试，将其作为江苏省小学语文优质课评比活动的参赛课。既然是习作课，还准备参加大赛，教师的指导就不可或缺。到底在六年级用什么来指导，具体指导些什么呢？

经过一番深思熟虑，我决定用儿童文学作品中的相关段落作为教学素材。从曹文轩的《草房子》中桑桑用碗柜做鸽子笼的片段，让孩子感受"偷"的动作描写；从黄蓓佳的《我要做好孩子》中金铃捡拾蚕宝宝的片段，让孩子体会"偷"的心理描写；从杨红樱的《淘气包马小跳》中马小跳与伙伴野营时"尖叫比赛"的片段，让孩子揣摩"偷"的对话描写。这样的指导鲜活、贴切，取得了较好的课堂教学效果，最终在大赛课中获得了一等奖第一名。

教师作为"过来人"，比当下的儿童更能理解童年存在的意义。可是如果我们不去有意识地唤醒，很少有儿童会产生"童年自觉"。习作应责无旁贷承载记录童史的职责，竭力为现在的儿童、未来的成人留驻一份重要的精神资源。

二、课堂回放

第一板块：引出"偷"的话题

师：今天的这堂课，我们就从《池上》这首诗开始（出示）

池上

小娃撑小艇，偷采白莲回。

不解藏踪迹，浮萍一道开。

这首诗是写儿童的，诗中有一个字最能体现儿童的特点。猜猜看，是哪一个字？

生：可能是"藏"字。

师："藏"？孩子们都喜欢捉迷藏，可诗中的小娃却不知道"藏踪迹"！

生：我觉得是"采"。

师："采"？小娃采白莲和大人们有什么不同呢？

生：（若有所悟）肯定是"偷"字！

师：（板书："偷"）正是这个"偷"字，让这首诗光彩夺目，流传千古！可是这个"偷"在诗中是什么意思呢？

生：悄悄将别人的东西拿过来。

师：哦，原来小娃是个小偷呀！

生：小娃瞒着别人，悄悄去采白莲！

师：他为什么要瞒着别人呢？

生：如果妈妈知道了，肯定不会让他撑着小艇去采白莲的？

师：为什么？

生：主要担心他会掉进池塘。

师：哦，终于明白了，原来小娃不是"小偷"，他只是瞒着大人去采白莲哪！

第二板块：激活"偷"的素材

1. 想想看，你曾瞒着大人"偷"做过些什么呢？（在"偷"后面画横线）

生：星期天，妈妈买菜去了，让我在家写作业，可是她刚一出门，我就打开电视津津有味地看起来。

师：偷看电视，这样的事我女儿也做过！

生：妈妈不在家，我用妈妈的化妆品将自己打扮了一番，一看镜子中的自己，我吓了一跳，像个怪物！（学生笑）

师：偷用化妆品，爱美之心人皆有之呀！

生：爸妈不在家，我偷偷地将豆浆机给拆了下来，结果怎么也装不起来！

师：挨打了吧？（学生点头）知道吗？发明家就是这样锻炼出来的！

生：我要吃枇杷，爷爷说没有熟，我就偷摘了一串，一尝，又酸又涩！

师：知道吗，这就是童年的滋味！

生：暑假里的一个晚上，表弟睡在我的卧室里，我找来一件白色的衣服穿在身上，伸长舌头，扮"鬼"叫，吓得表弟哇哇大叫！（学生笑）

师：一看你就是个"调皮鬼"！

生：母狗不在家，我偷偷抱出了它的小狗，母狗回来了，直冲我狂叫，吓得我丢下小狗就跑！

师：好危险，堪称历险记！

生：星期天，我偷偷下楼与邻居家的几个伙伴一起放风筝。

师：蓝天下，小湖边，心情一定像风筝一样自由自在！

……

2. 想不到，一个"偷"字竟然有这么大的魅力，勾起了我们这么多

的童年趣事！一聊到这样的趣事，大家都神采飞扬，笑逐颜开，这是为什么呢？（采用开火车的方式提问）

生：我觉得没有大人的管束，想干什么就干什么！

师：（板书：自由自在）追求自由是儿童的天性！

生：我觉得做这样的事情很开心！

师：（板书：乐不可支）享受快乐是儿童的权利！

生：我觉得瞒着大人做自己喜欢的事情，特别刺激，特别惊险！

师：（板书：惊险刺激）喜欢冒险是儿童的向往！

3. 小结：是呀，这就是游戏的童年，这就是快乐的童年，这才是真正属于我们的童年！

第三板块：体悟"偷"的写法

1. 孩子们，知道吗？你们的这些趣事，在诗人的笔下，就会成为一首首美丽动人的小诗；在作家的笔下，就会成为一篇篇趣味盎然的小说。相信吗？课前吴老师摘录了三位作家笔下关于"偷"的精彩描写，想不想读一读？请大家从台仓里取出讲义，快速浏览上面的三段话：边读边想——（出示，请一名学生读）

> 边读边想：
>
> （1）这三段主要从哪方面来描写"偷"的经历的？
>
> （2）把你觉得特别有意思的语句多读几遍。

出示片段一：

偷做鸽子窝

桑桑想到自己有个好住处，他的鸽子却没有，它们只能钻墙洞过夜，心里就起了怜悯。那天，父亲与母亲都不在家，他叫来了阿恕与朱小鼓，将家中碗柜里的碗呀碟呀统统拾出来扔在墙角，然后将碗柜抬了出来，根据他想象中的一个高级鸽笼的样子，让阿恕与朱小鼓一起动手，用锯子与斧头对它大加改造。四条腿没有必要，锯了。玻璃门没有必要，敲了。那碗柜本来有四层，但每一层都没有隔板。桑桑就让阿恕从家里偷来几块板子，将每一层分成了三档。桑桑算了一下，一层三户"人家"，四层共能安排十二户"人家"。当太阳落山，霞光染红草房子时，这个大鸽笼已在他和阿恕、朱小鼓的数次努力之后，稳稳地挂在了墙上。

——摘自曹文轩的《草房子》

师： 这一段是从哪一方面来描写"偷"的？

生： 动作。（板书：动作）

师： 这些动作描写中，你觉得哪些语句特别有意思？

生： "他叫来了阿恕与朱小鼓，将家中碗柜里的碗呀碟呀统统拾出来扔在墙角，然后将碗柜抬了出来……"

师： 真是"偷"得自由自在，"偷"得不计后果！

生： "那碗柜本来有四层，但每一层都没有隔板。桑桑就让阿恕从家里偷来几块板子，将每一层分成了三档……"

师： 真是"偷"得有智慧！"偷"得有创意！

小结： 桑桑告诉我们，我的快乐我创造，哪怕挨打也在所不惜！

出示片段二：

偷拾蚕宝宝

金铃独自站在树下，用眼角瞄着那只塑料袋。袋里的小蚕浑然不知发生了何事，仍旧在努力地爬来爬去。金铃心跳如鼓，两手出汗。捡回去吗？捡不捡？这可是别人扔掉的东西呀！乞丐才会捡别人不要的东西呀，同学们知道了一定会笑话她。可是就这么走了吗，让这只蚕宝宝躺在路边被行人踩死？被车轮压死？或者被顽皮的小孩们一把捏死？她终于飞快地向四周扫了一眼，觉得并没有人注意她的动向，就猛地弯下腰，把那只塑料袋一把抓在手里。天哪，但愿不要有人看见，千万不要有人看见！她背过身，把肩后的书包卸下来，装作从书包里拿什么东西，趁机将一袋小蚕放进书包里去。而后她不敢背着了，用两只胳膊小心抱住，就像一只随时就会压碎的薄胎花瓶。

——摘自黄蓓佳的《我要做好孩子》

师：这一段是从哪一方面来描写"偷"的？

生：心理活动。（板书：心理）

师：文中哪些描写让你觉得特别亲切，特别熟悉？

生："捡回去吗？捡不捡？这可是别人扔掉的东西呀！乞丐才会捡别人不要的东西呀，同学们知道了一定会笑话她。可是就这么走了吗，让这只蚕宝宝躺在路边被行人踩死？被车轮压死？或者被顽皮的小孩们一把捏死？"

师：让蚕儿生存，还是让蚕儿毁灭，这是个问题！

生："她背过身，把肩后的书包卸下来，装作从书包里拿什么东西，趁机将一袋小蚕放进书包里去。而后她不敢背着了，用两只胳膊小心抱住……"

师：你已经从文字中发现了自己！

小结：金铃这一"偷"，偷出了纯真、善良，让我们发现——童心无价！

出示片段三：

偷野营

绿野公园的野营帐篷里，马小跳正在讲鬼故事。密集的雨点打在帐篷顶上，嗒嗒嗒地响，使鬼故事更加恐怖。帐篷上开了一个小窗。当马小跳讲到坟地上的鬼火时，唐飞望了一下窗外，他看见几点一闪一闪的鬼火。"啊——"唐飞尖叫一声，"有鬼火！"张达、毛超和马小跳都扑到窗口，果然看见有几点一闪一闪的鬼火。"啊——啊——啊"他们一起尖叫起来。马小跳说尖叫声能把鬼吓跑。其实，刚才他们看见的鬼火，是远道跟踪而来的几个爸爸手中的烟头。听到儿子们的尖叫，爸爸们赶紧掐灭香烟，向帐篷跑去。看见鬼火消失了，尖叫声渐渐少了，只有马小跳还在尖叫。"我们来尖叫比赛好不好？"马小跳的建议，得到了热烈响应。他们比刚才叫得更厉害，因为现在是"尖叫比赛"。

——摘自杨红樱的《淘气包马小跳系列：四个调皮蛋》

师：这一段又是从哪一方面来描写"偷"的？

生：语言。（板书：语言）

师：文中的哪些语言描写特别好玩？

生："我们来尖叫比赛好不好？"

师：你们有过这样"尖叫"的经历吗？

生：有一天晚上，我从外婆家偷着跑回家，前面突然出现一个移动的影子，我吓得尖叫起来，后来才知道原来这是树枝在随风摆动！

师：原来虚惊一场！

小结：这一"偷"，偷出了惊险，偷出了刺激，更偷出了童年的别样快乐！

2. 小结：作家真了不起！通过具体的动作、语言、心理描写，将儿童脱离大人束缚时的自由自在、在陌生环境中的惊险刺激、在独立王国里的乐不可支（指板书）描写得栩栩如生！不过这都是小说中的事情，是作家虚构出来的！而我们的故事却是真实的，故事的主人公就是自己，如果让我们来写"偷"，可能比作家写得还要棒！

第四板块：描写"偷"的经历

1. 想不想挑战这些作家？这堂课我们来一个"PK 作家擂台赛"，好吗？

2. 出示友情提醒——

（1）从你的童年生活中选择一件与"偷"有关的往事写一写。（比一比：谁的生活更鲜活！）

（2）通过动作、神态、语言、心理等方面的描写，将事情最精彩、最有趣的部分写成一段话。（比一比：谁的故事更生动！）

（3）写作时间为 8～10 分钟。（比一比：谁的笔头更顺畅！）

谁来读一读？学生一个接一个地读。

3. 学生根据要求写作，教师适时指导。

4. 交流评点。

师：你想挑战谁？

生：我想挑战曹文轩！

师：真有勇气！下面的各位同学就是评委，如果挑战成功，就鼓鼓掌，说明你有做作家的潜质！如果还有些欠缺，也没有关系，人家毕竟是大作家嘛，我们就向他提出真诚的建议，好让他的写作更上一层楼！

陆姗姗：妈妈递给我一粒"黄金搭档"，说："快吃吧，听药店里的人说，它可以增强记忆力，抗疲劳！"我迫不及待地丢进嘴中，嚼一嚼，满嘴苦涩，我的眉头一下子皱了起来，"难吃死了！我不要吃！"我赶紧从嘴里吐出来。妈妈生气地说："公司里张阿姨、黎叔叔的孩子都在吃，效果可好了！听说最近这两家的孩子成绩都有了很大进步！你快要毕业考试了，学习很紧张，不增加点营养怎么行？必须吃！"妈妈从一个大盒里掏出十几个小盒"黄金搭档"，整整齐齐地放在我的书桌上，临走前，还叮嘱了一句："每天早一粒，晚一粒，我可要检查的哦！"天啦！这么难吃的东西我怎么咽得下？这可把我害苦了！一开始，妈妈看着我吃，我总是紧握拳头，做出吃的模样，其实"黄金搭档"的胶囊在我左手里，妈妈一不留神，就被我偷偷丢到了床底下，可恶的"黄金搭档"，让你和床下的灰尘去做"搭档"吧！一连几天，妈妈都没有发现其中的奥秘，以为我已经喜欢上了"黄金搭档"，就放松了警惕，于是我再不用装神弄鬼了，每天"早一粒，晚一粒"往床下丢，为了挺高效率，有时一连丢了几粒。不到半个月，一箱黄金搭档已经"吃"完。妈妈看着空空的盒子，掰着手指算时间，一脸疑惑。我连忙解释："妈，'黄金搭档'效果太好了，有时我一天吃四粒！"妈妈如释重负，"我说嘛，怎么会吃得这么快呢？明天再去买一箱！"我一听，吓坏了，床下的"黄金搭档"已经堆成了小山，再丢肯定会露馅的！我连忙阻止，"妈……妈……我已经补得很聪明了，瞧，昨天数学还考了个满分呢！如果再补下去，就会物极必反，再说，不少营养品还有副作用呢！"妈妈听我这么一说，才不提再买"黄金搭档"的事！（掌声响起）

师：祝贺你，挑战成功！你看台下的同学都为你鼓掌了！（另一位学生上台）你想挑战谁？

生：我想挑战杨红樱！

师：真棒，她可是中国最畅销童书的作家！

钱毓雯：还好，母狗不在家，窝里趴着几只黑乎乎的小脑袋，正在呼呼大睡呢！我越看越觉得喜欢，就摸一摸它们，没想到一只小家伙竟然醒了，它摇着小尾巴，很友好地打量着我，还用红红的小舌头舔我的手呢！太可爱了，不如抱一只回家玩一玩！我一把把它从温暖的狗窝里拖出来，没想到它十分不愿意，在我的手中拼命挣扎，还"呜呜"叫起来，我才不管它高兴不高兴呢，拔腿就跑！不好，母狗闻声而来！它堵住了我的去路，"汪汪"地叫着，摆出一副要和我拼命的架势，一点儿也不念我曾经给它吃骨头的"旧情"。到手的"宝贝"就这么随便丢弃，我实在有些不甘心！狗宝宝看见妈妈，叫声更大了，在我手中挣扎得更厉害了。母狗眼睛有些发红，平日的温顺一扫而光，凶相毕露。我有些害怕了，连忙丢下小狗，母狗再也顾不上我了，它直冲小狗跑去，用大舌头拼命地舔着自己的宝贝，像在安慰："宝贝，别害怕，妈妈来了！"（掌声响起）

师：真是"狗嘴"逃生呀！大家都为你捏了一把汗！（另一位学生上台）你想挑战谁？

生：我只好挑战黄蓓佳了！（学生笑）

师：好像有点不情愿，知道吗？黄蓓佳可是我们江苏省作家协会的副主席，可厉害了！

徐阳阳：爸妈在厨房吃饭，机会来了，我小心翼翼地推开他们的房门，蹑手蹑脚地走了进去，把遥控器紧紧握在手中，再悄悄溜出来，轻轻地关上房门。爸妈吃好饭，准备上班去了，"好好做作业，不准玩，房门我已经锁上，甭指望看电视！"妈妈一脸严肃，爸爸好像不放心，又用手转了转房门把手。看着我一脸的老实相，他们终于放心离开了家。"山中无老虎，猴子称大王"。我从客厅快步走到阳台，阳台很长，与爸妈的卧室是相通的，隔着一层玻璃，我用遥控器将电视打开，将声音调高，即使隔着一层玻璃，也不影响我欣赏电视节目的心情。一会儿看少儿频道的《喜羊羊和灰太狼》，一会儿看文艺频道的星光大道，一会儿看电视剧频道的《暗算》，我看得悠然自得，不亦乐乎！不好，门锁响了，爸妈回来了！我以迅雷不及掩耳之势，冲到了书桌前，翻开一本英语书，装作一副沉思状。爸妈看着我这么"认真"，开心地笑了。"咦，房间里怎么会有电视的声音？"爸爸一脸疑惑，掏钥匙开门，果然，电视节目正在火热上演，"我明明记得看完《早间新闻》就把电视机关了，怎么又开了？"爸爸一脸怀疑地盯着我。我一脸无辜，故作镇静！"准是你忘了关了，你这个人一向丢三落四，上次……"爸爸一脸惭愧，悄悄地走进房间关上了电视机。妈妈及时救场，让我顺利逃过一劫！我心中暗暗叫着："老妈万岁！世上只有老妈好！"（掌声响起）

师：看来咱们班的同道中人还真不少，难怪掌声这么热烈呀！

5. 小结：孩子们，真了不起，在这里，我看到未来的作家的影子！知道你们为什么写得这么好吗？因为你们写的是自己——自己的生活，自己的情感，自己的话语！只要做到这一点，你也可以成为一个作家！

6. 总结全文：孩子们，这样的童年趣事，每天还在继续！让我们学会用自己的笔留住这段美好的时光，等我们长大了，变老了，再读读这些文字的时候，美好的回忆就会涌上心头——（音乐响起）

童 年

童年
那甜蜜的时光
时常走进我的梦乡

课堂上
不时躲过老师的目光，
低头沉思
未读完的故事已在心间荡漾
抬头仰望
心儿却悄悄飞向了操场

晚霞里
卡通书、四驱车
书包里鼓鼓囊囊

捉昆虫、躲迷藏

作业没写一行

可明天依然有明媚的艳阳

童年啊

那美好的时光

永远在岁月的年轮里珍藏……

三、课例评析

作为一线教师，我经常听到这样的说法：现在孩子课业负担重，生活比较单调，所以作文难写，也难教。教育传媒也推波助澜，将这种声音不断放大——儿童不喜欢写作，主要是因为儿童与生活之间有一道屏障，要让儿童喜欢写作，写好习作，作文教学必须走向生活。在这样的理念指导下，我们习作课堂常常活动先行，将时间花在生活情境创设上，而真正用于写作的时间却所剩无几。我不禁产生这样的疑问：儿童怎么会与生活隔离呢？儿童世界每天都充满变化，每天都有新鲜的故事发生，习作课上，我们为什么要去重新"制造"生活呢？

儿童的精神世界里，充盈着五彩斑斓的梦想；儿童的生活世界里，总是将自己的梦想与现实"共生"出多彩的游戏、动感的活动、美丽的童话，于是世界在他们的眼里有了色彩，有了生命，有了情感。而作为教师，却常常被阻隔在这个生动鲜活的"童化"世界之外，看到的只是在教育力量的遮蔽下抽象的个体，难以触及儿童文化情境中灵动而具体的生命。因此，我们习作教学的一个重要的使命，就是探寻通向儿童精神家园的路径，追索打开儿童言语生命的钥匙。"童年'偷'着乐"这个课例，就提供了这样一个具体的操作样本。

余华在《兄弟》的后记中这样写道："写作就是这样奇妙，从狭窄开始往往写出宽广，从宽广开始反而写出狭窄……所以耶稣说：'你们要走窄门'。"其实面向儿童的习作教学也是如此，看似开阔的教学指导，却常常束缚着儿童的言语和精神；看似狭窄的教学起点，却能将儿童的言语和精神引向一个开阔的天地。课例"童年'偷'着乐"的教学，就始于狭窄的起点——"偷"。从儿童诗中的"偷"勾连起潜藏在儿童生活中"偷"的经历，从作家笔下关于"偷"的精彩描写启发儿童通过动作、心理、言语等细节表述"偷"的愉悦、自由、刺激，从儿童笔下"偷"的言语展示到引导他们自觉体味"偷"背后的童年意蕴。这一系列教学历程，将激发写作动机、选择写作素材、指导写作技法、展示写作成果等教学环节有机融为一体，显得自然舒展、开放蓬勃。能产生这样的教学效果，是因为"偷"与儿童追求自由、享受快乐、喜欢历险的游戏精神一脉相承，教师一旦把握，习作教学就会水到渠成，顺理成章。

当然，将儿童言语和精神引向广阔的窄门还有很多途径，譬如阅读、体验、梦想，等等，这需要我们自觉理解儿童文化，自然融进童年生命，从而升腾起从寂静中出发的勇气，拥有选择的智慧！

教学故事

咱们班的风筝节

"儿童散学归来早，忙趁东风放纸鸢。"读诗的孩子们仿佛置身旷野，举着风筝奔跑着、嬉笑着……临近下课，我宣布了一个临时决定："下周我们班要举办一个风筝节。请大家收集风筝的资料，班级将举行风筝文化发布会；为自己的风筝取一个美丽的名字，并撰写一份解说词，我们将搭建风筝展示台；学习放风筝的技巧，在操场上举行放风筝活动。"教室里一片欢呼！

星期一的早上，孩子们带来了五颜六色、形态各异的风筝。我将这些风筝挂在教室四周的墙壁上，教室里变成了风筝大世界。黑板上，在"蜻蜓"和"斑点狗"两只风筝的簇拥下，"风筝文化发布会"几个大字特别引人注目。孩子们纷纷走上讲台，有的捧着一本书，有的拿着几张图片，有的夹着一叠厚厚的打印材料，从容地介绍着他们自己收集的资料。此时，萦绕在他们心头的不仅仅是一只只翩翩起舞的风筝，更是一行行有滋有味的民族文化印记。

在风筝的映衬下，孩子们的笑脸变得更加可爱了。教学随之进入了第二个板块——风筝展示台。孩子们走到自己的风筝旁，自豪地介绍起来，仿佛在为即将诞生的新生命谱写赞歌：

我的风筝叫"快乐狗go"，今年是狗年，我特地挑了一个有狗的图案的风筝。你们瞧，橙色的背景就能体现出这群小狗们生活得很快乐。仔细看过去，翅膀上这些小狗都是可爱的斑点狗，有的蹲着，伸着鲜红的舌头；有的高跷着尾巴，似乎在迎接主人的归来；有的扑在球上，仔细端详着这个圆溜溜的"怪物"呢。我给小狗们取了名字，一只叫"旺旺"，一只叫"旺仔"，另一个叫"旺财"，够酷吧！风筝左右两翼上的图案一模一样，好像一边是镜子，另一边的小狗在照镜子，炫耀自己的可爱呢！

　　一只只富有个性的风筝，在孩子们充满激情、富有诗意的话语中复活了，成为一个个鲜活的生命体，孩子们解说的似乎不是风筝，而是他们自己。最后，通过小组推荐、举手表决，评出了最美丽的风筝——"绚彩号飞行者"，最有魅力的风筝——"快乐狗 go"，最有创意的风筝——"京剧脸谱"。获奖者举着自己的作品欢呼雀跃。此时，教室里成了欢乐的海洋！

　　一个阳光明媚的下午，我和孩子们带着风筝来到学校的大草坪上。孩子们尽情展示着放飞风筝的高超技艺，不一会儿，花花绿绿的风筝把校园的上空点缀得生机勃勃，沉睡一冬的校园似乎在孩子们的欢呼声中苏醒了！一个小时很快就过去了，孩子们依依不舍地从蓝天上拽回了自己的风筝。回到教室，大家还意犹未尽，七嘴八舌地交流着。

　　师：在今天的放风筝活动中，什么让你感到最开心？

　　生：我学会了放风筝，我第一次把自己的风筝送上了蓝天。

　　生：我的"绚彩号飞行者"在空中和高松的"飞天蜈蚣"打起架来，结果都从天上摔下来了，特别有趣！

　　生：我的"原色战机"飞得最高，飞行的时间最长，受到大家的称赞最多！

　　师：我觉得今天真是一个令人开心的好日子，让我们拿起笔来，把自己的快乐心情释放在笔下吧！

　　当天的夜课上，孩子们陆续完成了习作，看看他们的题目，特别有意思——"'筝'飞斗艳""我飞啦""飞行日志""我'鹞'飞翔""一飞冲天"……读着这一篇篇生动活泼的文字，我的心也跟着飞翔起来！

"校猫"传奇

"喵——喵——"，一只灰褐色的猫探出了脑袋，旁若无人地走过课桌间的过道，来到教室后面的书吧里，舒服地眯起了眼睛。教室里孩子们波澜不惊，语文课也按部就班。

校园地处城乡结合部，占地面积很大，这里常年生活着一群野猫，时常穿梭在教学楼之间，草坪上，灌木丛中，宿舍楼下。对于它们，孩子们早已习以为常，并称它们为"校猫"。

当时，杨红樱的《笑猫日记》正在班级里热读，那只塔顶上特立独行的"虎皮猫"一下子占据了孩子们的心。也正是这个时候，孩子们对"校猫"多了一份关注：每当路过学校的十二层综合楼时，总会向上看，希望突然发现楼顶也生活着一只"虎皮猫"；课间，时常悄悄跟着它们，想了解"校猫"的生活情况与活动规律。

可是事与愿违，猫是很敏感的动物，特别是野猫，更不易与人相处。孩子们越想亲近它们，它们就跑得越快，躲得越远。于是不断有孩子问我：

"老师，这些'校猫'怎么会生活在我们的校园里？"

"这些'校猫'每天都住在什么地方呀？都吃些什么呀？"

"我数了数，这群'校猫'有十几只，它们是不是一家子？"

"播放英语听力时，我总看见有一只猫蹲在门口，它是不是也想学习英语？"

孩子们对"校猫"充满了好奇和幻想，这是他们的天性在起作用。正如苏霍姆林斯基所言："没有童话，没有活跃的想象，孩子们就无法生活；没有童话，周围的世界对于他们来说虽说是美的但却是画在画布上的画了；童话却能赋予这幅画以生命。"看来，只有借助童话来填补孩子们的疑问和缺憾了。

——这群猫是由于什么原因来到我们校园里的呢？

——来到校园，"校猫"的生活会发生怎样的变化呢？

——当我们每天忙于学业时，这些猫又在忙些什么呢？

——每个同学都有个性，猫或许也是这样，想一想，这些"校猫"们各有怎样的性情？

每一个问题，都能将孩子们的想象引入陌生的天地。在这个天地里，孩子们尽情地用言语编织着属于自己的"童话"。一周后，一篇篇妙趣横生的故事在孩子们的笔下诞生了，有好学的《猫博士》，有行侠仗义的《猫侠》；有向往人类生活的《"校猫"变形记》，有忠于职守的《猫管家》……大多数习作都长达千字，尽管文字上还有些粗糙，尽管讲述故事时缺乏写作技巧，但是文字背后闪烁着调皮可爱的眼睛，长着一双隐形的翅膀。最后，我将孩子们创作的童话故事装订成文集，取名为"'校猫'传奇"。

"校猫"依然自由自在地生活着，不时地给孩子们的课堂、课余生活增添花絮，但是它们已经成了孩子们心中的"精灵"，不断地在童心里生长新的故事。我想，"校猫"传奇还会有续集，甚至第三集、第四集……

"法尔布"的故事

教学《装满昆虫的衣袋》一课，我请小叶朗读课文，"著名的昆虫学家法尔布出生在法国。""是法布尔！"同桌小声地提醒他。小叶继续往下读："法尔布从小就对小虫子非常着迷……"教室里有了笑声，大家不约而同地告诉他："是法布尔！"小叶搔了搔头，显得有些尴尬，"三天前，法尔布就告诉她，花丛里经常……"教室里笑声更大了，小叶也不由地跟着笑起来！"记住了，你是'法尔布'，课文中的昆虫学家叫'法布尔'！"我和他也开起了玩笑，小叶若有所悟地点点头，果然，接下去的朗读一次也没有读错过，可是"法尔布"的美名却不胫而走。

小叶这学期才转进我们五（3）班的，因为上学早，又连跳了两级，所以个头比班上最矮的女生还要低半个头。他性格开朗，一来二去，就和大家打成了一片；几个星期下来，便遭到不少孩子的"投诉"；几个月下来，关于他的经典故事便俯拾皆是了。于是一个习作教学计划在我心头酝酿开来。

星期四的习作课，我刚走进教室，小叶便大叫起来："吴老师，今天我们写什么？"我当即给出答案："今天就写叶博宇（小叶本名——作者著）！"全班都笑了，以为我在开玩笑。我在黑板上写下了作文题——"五（3）班的'人物谱'之叶博宇的故事"。不少孩子忍不住欢呼："噢，这个题目真好写！"小叶却一脸苦涩——他知道，今天的写作也许会变成对他的"文字批斗会"！

我说："咱们班大多数同学从一年级开始就同班了，大伙儿在一起已经生活了四年多，无论提到谁，都耳熟能详了！现在到毕业还有一年多的时间，在这段时间内，我准备让你们为全班每一个同学写一篇文章，毕业时，五（3）班的每个人都能带着全班同学为你写的书离开母校，等你们长大后再来读读这本书，一定会勾起许多美好的回忆！今天先从叶博宇同学开始写，因为他到咱们班时间最短，身上的故事最新鲜！说说看，你们准备写些什么？"

生：我想写写"法尔布"这个名字的由来！

生：只要谁说叶博宇的坏话，他都会说"切——"，我就写写他的口头禅吧！

生：叶博宇吃饭时不用筷子，喜欢直接用手抓，就写他的吃相吧！

师：叶博宇是我们的同学，我们不能仅仅看到他可气的一面，更要看到他可爱的一面，要知道，正是因为他的可爱，五（3）班才会有那么多笑声！所以，我们写这篇习作时，要将一个既调皮又可爱的叶博宇栩栩如生地展现出来，好吗？

我的一番话，让小叶如释重负："老师，今天我写什么呀？""就写你自己，把你最真实的想法告诉大家。要注意，你的文章将放在书中的第一页，作为序言，一定要写好！"小叶使劲地点着头！

精彩片段一：开学第一天，全班正处在菜市场的状态。"咯吱"一声，教室的门被推开了。只见一个矮小的身影出现在我们的视线里，他大摇大摆地走了进来，随即找了一个座位，毫不客气地坐了上去。我走了过去，指了指门口的牌子说："小弟弟，你看清楚，这里是五年级三班！"叶博宇把书包一放，把手一插，神气地说："有志不在个子高，本人可是跳级过来的，你不信，可以出题考我嘛！"（陈小婷）

精彩片段二：叶博宇从桌肚里大大咧咧地抽出几张废纸，用力撕了起来，嘴里还嘀咕着："我撕，我撕，我撕撕撕……"我冥思苦想了大半天，都不知道他葫芦里卖的是什么药。紧接着，叶博宇饶有兴致地把自己撕的碎片，搓成一粒一粒的，如同米粒一般大小。一切准备就绪，他搓了搓手，长长地呵了一口气，轻轻地说："欧耶，大功告成！我要来一个'天男散花'！"我恍然大悟！只见他手托纸片，双目紧闭，仿佛自己已经腾云驾雾，翱翔在蓝天白云之间……（杨亦安）

看得出，这次习作非常成功，当晚我就接到小叶妈妈的电话，她说我做了一件非常有意义的事情，已经将班级博客上同学写她儿子的博文全部下载，她要为儿子编写人生的第一本书！

从小叶开始，班级的人物谱写作拉开了序幕，下面紧接着的是"张轶杰的故事""陆星播的故事""朱加安的故事"……我想，每一个故事的开始，意味着一个孩子在一段时间内成为全班同学关注的焦点；每一个故事的结束，象征着一个孩子的一段童年历史已经告一段落。

何捷专辑

　　何捷，全国写作教学名师，作家。全国新作文写作联盟盟主。福建省语文学会小学专委会秘书长。福建省作协成员。福建地区"游戏作文""百字作文"创始人和倡导者，近年来提出"写作教学进行时"这一全新作文教学主张。《语文教学通讯》等多部核心期刊封面人物。先后发表文章一千余篇，已出版《作文真经》等近二十部个人专著、专辑。

　　教育专题博客：何捷的教学世界。

◆ **教学主张**

和写不好作文说再见

写不好作文是顽症，其缘由有多人探寻并尝试解决。但我们在学习和实践前人的探索结果时发现，顽症依旧存在。一些针对作文难的原因的解释不但有偏颇，甚至与问题的本质相悖，遂有必要再探。

一、质疑发难，写不好作文的原因是什么？

写不好作文的原因归结起来，大致有以下四个方面。仔细思考发现，其未必是真正的原因。

其一，缺乏生活体验。儿童习作困难最广泛的归因是"儿童没有充分参与生活"。不少人将当下儿童的生活与二十世纪六七十年代，或者是八九十年代的人对比，得出这样的结论。诚然，当下儿童的生活趣味性在消退。城市化改造后，儿童亲近自然、回归自然、探索自然的机会少了许多，但这并不能说明当代儿童缺乏生活体验。相反，当代儿童的生活也是丰富多彩的，各种信息汇聚，各方资源整合，各种场所的开发利用，使得儿童能轻而易举地感受时代脉动，采纳各种信息，这恰恰是如笔者这般 70 年代生人所望尘莫及的。笔者在自己执教的班级中调查发现：60 人的班级，一个月内周末以家庭为单位出游的概率达到 83％，一年内参加过国内游的家庭达到 68％，出境游有 6％。家长带孩子出游目的之一就是长见识。即便是个别足不出户的，也能通过网络、书籍、广播等媒体扩充视听感受，体验生活。因此，缺乏生活体验造成习作困难，这一说法不成立！

其二，缺乏优质的作文指导课。呼唤优质作文指导课，尝试推出课堂教学的样板，曾经是不少有志于作文教学同人的心声。"作文指导课"既然是课，是教学，就势必要追寻教学的有效性。有效怎么体现？学生受教后能知晓写作技法并运用，表现为写作水平的提升，表达的素养不断丰厚、积淀。而现实是，技法不但不缺且泛滥，难以运用；经历课堂教学后学生可能仅当堂写作当下这一篇，自由作文和举一反三仍感困难。这样看来，好课缺乏是事实。

其实，好课不是没有。课程改革以来，不少专家做了课堂教学改革的尝试，为什么广大教师仍感觉这些经验不能有效借鉴，解决不了根本问题。在很大程度上，自说自话，是主要原因。所以，想通过上一两节好课来提高学生的习作水平难以实现。因为写作三分得益于课内，七分得益于课外。

其三，缺乏科学的评价。评价失当是课改关注的热点，也是大家归结"作文难"原因时的聚焦点。但我们发现，不少教师的评价观是恰当、正确的。对于优秀儿童习作的评价尺度，浙江的周一贯老师概括为：能以独特的童眼看待世界，能以丰富的童情理解世界，能以稚嫩的童心感受世界，能以无忌的童言表达世界。综合起来就是三个字"真、善、美"，每位教师在评价时也都遵循三个原则：追求真，弘扬善，欣赏美。于是，又有人提出评价不科学就是因为对"真、善、美"的过度追求：写真，评改时如打假斗士；写善，逼迫儿童作文中出现伪善、假善；写美，导致无病呻吟的矫情造作美文泛滥。严苛的评价让儿童畏惧写作，写不好作文，文章难以被认可。我们承认不当评价能导致儿童习作难，但这并非根本原因，更不是唯一原因。道理很简单：写作是个体思维的表达，影响品质的关键在于作者本人。外因不能起到决定性作用。

其四，缺乏新颖优质的教材。把问题推到教材上，这似乎成了教学失败时的惯性思维，毕竟不会有一种版本的教材十全十美、适应每一个人。作文教学缺乏合适教材的呼声早已响彻大江南北——老套、过时、缺乏童趣、与实际生活脱轨，也有不少教师用自己研发的新教材执教新型课取得新突破。看来，问题能直接归咎于教材。是不是这样呢？小学尚处于"习作"阶段，教材一味求新求变，求抓人眼球，就会让正处在习作阶段的儿童忽视最为基础的表达练习，而描摹、状物、直叙、转述、诉求、意愿等思维结果的表达，无不需要借平稳朴素的命题训练夯实。

所以，教材的优劣不在于新颖程度，教材的品质也不能成为儿童写不好作文的主要原因。

二、标本兼治，和写不好作文说再见！

以上原因都不是造成写作难的必然因素，仅仅强调接触生活，上好习作指导课，改革评价，改编教材，对于问题的解决也都不能起决定性作用。我们尝试从写作心理学源头入手，固本清源，与大家分享我们的思考和实践结果。

（一）探源，用心导写：从写作心理学上重新认识作文

作文，就是用文字表述心中所想、眼前所见、耳中所闻、意念所到达之处的见闻感观，但这些信号不能直接成为文字，必须经过从原始形象到思维跃动再到言语表达的转换过程。写作心理转换理论认为，写作就是将思维转换为语言表达的过程。人的思维和语言表达虽然关系密切，但二者有着完全不同的组织结构和运作规律。刘淼在《作文心理学》中分析了二者的差别：其一，思维是非线性的，具有跃迁性的，而表达是线性的，具有强烈逻辑性的。可以将思维想象为万花筒，你会发现其灵活、跃动、发散，而要将这样的变化思维用语言表达出来，就必须先把其分解、归并、重新排列，组合成为适合表达的线性结构。这些加工、整理、规范的过程就是言语的转换过程。其二，思维是自足的，表达具有交际性。当一个人在纯粹进行思维活动时，只需自我消化，将思维结果表达出来，就必须满足"让人听懂"这一基本的交际原则，通过转换，让思维变得清晰和明朗。

如何确保转换顺利实施？神经心理学家鲁利亚提出"二级转换"的观点。他认为作者为了顺利完成写作活动，至少要经历两次转换：思维转换为内部语言，内部语言转换为"呈线性序列"的外部语言。很明显，其中关键的一环就是作为中间环节的"内部语言"。华东师范大学的董蓓菲教授也非常重视"内部语言"的稳定性和清晰呈现。董教授提出：在实际的作文过程中，孩子首先要将想要表达的内容运用个体的内部语言挑选和固定下来。包括哪些是要写的，哪些是不要写的，哪些是详写的，

哪些是略写的，哪些是先写的，哪些是后写的。之后向外部语言表达的转换过程中，这些语言不断扩展、重组、更换、修饰、删改，最后形成完整的语句表述出来。可见，我们的教学要促进孩子顺利实现"二级转换"，就必须通过科学的训练，丰富孩子的内部语言，保证转换畅通，才能切实提高言语表达水平。

为了确保"转化"能顺利实现，我们提供两个思路。其一，注重先说后写，促进口头作文质量提升后再迁移至书面表达。儿童写作心理学研究表明：儿童言语表达的内部语言转换为外部语言，分为口头语言和书面语言两种形式，口语表达在先，书面表达在后。而现实的写作教学中，教师往往直接进入书面语言表达。作文多重加工理论认为：口头表达为低级水平加工，书面表达为高级水平加工，人为地跳过低级水平加工，自然会使得高级水平加工的难度加大。因此，教师应该鼓励孩子在写作前先进行口头作文，说清楚再写。在叙述的时候，儿童能从听者的反应中受到启发，写的时候会有所侧重。可见，口语表达对写极有益处。其二，确保表达训练的频数，以量变促成质变。作文水平的提高与训练强度、密度有关。为什么孩子不畏惧说？是因为他们说话的频率高，途径广，学习强度大。而写作文使用书面语言，主要仰仗上课，练习的机会有限。这就无怪乎他们写作时感到困难了。为此，教师要提高习作练习的频率，让儿童每日撰写"百字作文"。鼓励其用两三百字，用文字记录自己每天的烦恼或快乐、新奇的发现、发生的精彩事件。记录过程不必强调篇章结构的完整，语句不必字斟句酌。百字作文自身有四个优势：第一，短小精悍。正是"短"字，消除了儿童对作文的错误认识和畏难情绪。第二，形式不拘。百字作文可以是一首随感小诗，甚至可以是处方体、新闻稿、小对联，不必强调篇章结构的完整，不必对语句苦苦推敲，表达简洁明了即可。第三，新鲜及时。当天的事当天回忆，当天记录，文章常写常新。长此以往，孩子为了找到新鲜事，会很自觉地去参与生活、观察环境、寻找素材。写作所需的各种能力都在求新中得到综合训练。第四，单项训练的阵地。各种描写方法，百字作文虽短小，但可以集中进行各种单项训练。例如，孩子们需要掌握的，只要坚持、有计划、有目的，就能有效地将作文基本功训练得扎扎实实。

（二）固本，以教学写：实施写作本位阅读课堂教学

语文原本就包括听、说、读、写，训练虽有专攻，也要注重整合。为了让作文不再成为难事，我们提倡实施写作本位阅读教学，让每一节课都为儿童的习作进步助力。

写作本位阅读教学是福建师范大学潘新和教授提出的全新观点，集中体现在他的专著《语文表现与存在》中。首先，我们先明确该理念的基本概念写作本位阅读教学，其关键点是写作，阅读教学为写作服务。因此，在教学目标的确定上，写作本位阅读教学主要考虑教学如何对学生的写作发展最有助益，如何通过教学方法、技术手段等，将文本中隐含的写作秘妙转化为学生能接受的写作理念、写作技能，从而提升学生的习作水平。从这一目标出发，写作本位范式下的阅读教学，在教什么、怎么教的确定上，以及教学重点、难点的把握上，也往往和传统不同。在传统的阅读本位教学中，教学是为了读懂文本，重点、难点主要是对重要文字、主题等的诠释；而写作本位下的阅读教学，是为了提高学生对写作的认知，重点、难点放在对学生写作缺陷的纠正与弥补，培养写作素养，以写作素养培育的系统性作为教学设计的出发点和教学目标的归宿点。写作本位下的阅读，自始至终贯彻阅读指向写作的目标。写作是阅读的目的、指向、归宿，阅读须服务于写作。写作本位阅读教学下的备课、教学都应力求做到目标指向写作，让阅读与写作在同一点上的双重聚焦。为达成目标，我们在教学设计时应注意处理好主体与客体的关系，在二者的变式交互中，让学生深入体验文本的写作秘妙。

我们可以从《白鹅》一课的教学片段体会写作本位阅读教学的特点。

师：课文中还出现了专门偷吃的狗。先请大家看看写狗的句子，请一个同学读读。

［幻灯出示：因为附近的狗，都知道我们这位鹅老爷的脾气，每逢它吃饭的时候，狗就躲在篱边窥伺。等它吃过一口饭，踏着方步去喝水、吃泥、吃草的当儿，狗就敏捷地跑过来，努力地吃它的饭。鹅老爷偶然

早归，伸颈去咬狗，并且厉声叫骂，狗立刻逃往篱边，蹲着静候；看它再吃了一口饭，再走开去喝水、吃草、吃泥的时候，狗又敏捷地跑上来，把它的饭吃完，扬长而去。]

师：你觉得作者笔下的狗还像生活中你见到的狗那般神气吗？你觉得在鹅的眼中，它像什么角色？

生：小偷，强盗……

师：这也是对比，当一只威武的狗像个贼眉鼠目的小偷一样出场时，你觉得作者要比出什么？

生：鹅的高傲。

师：是啊，一比较就写活了。

师：说到对比，再请同学读读写到"我"的四句话[幻灯出示：（1）这样从容不迫地吃饭，必须有一个人在旁侍候，像饭馆里的堂倌一样。（2）这时我们便替它添饭，并且站着侍候。（3）我们不胜其烦，以后便将饭罐和水盆放在一起，免得它走远去，让鸡、狗偷饭吃。（4）因此鹅吃饭时，非有一个人侍候不可。真是架子十足！] 请说说你的感觉，作者写"我"，要比的是什么？

生：人是鹅的奴隶；鹅是老爷，人是奴才；人伺候鹅，很可笑；鹅确实很高傲……

师：确实，作者在这段话中干脆直接呼喊鹅为——鹅老爷。这真是颠倒纲常啊。人的地位居然不如鹅！人居然给鹅当奴才！真气人！可是，你再读读这些句子，你感觉到作者讨厌鹅老爷了吗？感到那股子"气"了吗？

生：没有。

师：你感觉到了什么？

生：我反而感觉作者很喜欢鹅。

师：这就更怪了。喜欢又不直说，还要低声下气地把鹅称为"鹅老爷"，还责备它架子十足？这里头一定有文章。请大家看看这些生活中常见的对话，相信你能发现作者的写作秘密。[幻灯出示：（1）妈妈催促说："小淘气，还不赶紧去睡觉！（2）老首长对小战士说："小鬼，还是你骑吧，我腿脚比你好！"（3）真讨厌！爸爸你真讨厌，为什么总是花钱给我准备生日礼物呢？]

生1：嘴上虽说着淘气、小鬼、讨厌，其实心里很喜欢。

生2：这是说反话。

师：[板书：反语] 对，这就是反语，正话反说也能表达出情感，还能让人感觉很幽默，这也正是作者把鹅写活的又一秘密所在。请大家将5—7自然段读读。你体会到作者蕴含在其中的情感了吗？

生：我体会到作者很喜欢鹅，我体会到鹅很可爱……

师：是啊，要想写"活"小动物，少了爱可不行。[板书：爱] 文章不是无情物，有了爱，文字中才能流露真情。这只高傲的鹅老爷确实可爱，丰子恺在《白鹅》的原文中多处直言不讳。请大家自由地读一读。

[幻灯出示：（1）鹅，不拘它如何高傲，我们始终要养它，直到房子卖脱为止。（2）它对我们，物质上和精神上都有贡献。（3）因为我们这屋实在太简陋，环境实在太荒凉，生活实在太苓寂了。赖有这一只白鹅，点缀庭院，增加生气，慰我寂寥。]

师：读到此，我们不仅认识了高傲的鹅老爷，也认识了一位爱动物的丰子恺。就像他的《护生画集》中的那些主角一样：蜘蛛、蝴蝶、黄蜂、燕子、母鸡、小猫、小鸟、黄牛……即便再弱小的动物都是他的朋友，都值得关心呵护，丰子恺就是这样一个童心未泯、稚趣天成的大师，朱自清先生评价他是"最像艺术家的艺术家！"艺术家就要像丰子恺先生这样，有敏锐的观察，有简约的春秋笔法，更重要的是要有一颗广博的爱心，心存善念，慈悲为怀。

在这段教学中，教师引导学生做三件事：品读文句，总结写法，认识作者。三者的紧密结合使得文本变得更加可感、厚重，使学生在课堂上习得的不仅仅是文本的内容，更多的是感受和借鉴到可操作的写作方法，同时也认识了一个有血有肉的艺术大师——丰子恺。这就体现了写作本位阅读教学读以致写的设计理念。

（三）清源，以读辅写：拓宽阅读渠道，增强阅读实效

让儿童会写，不能一味地从写上下工夫。以读辅助写、促进写、提升写，是行之有效的途径。阅读是人一生发展的地基，更是儿童时代的生命底色。儿童进入小学，应该强调阅读，将整个小学阶段看做为浓墨重彩的人生"打底"的重要阶段。怎么读才有效？才能对写起到有益的辅助和提升作用？具体地说，小学阶段的阅读，低、中、高三个学段任务和形式各不相同，具体可以将其形象地分为五种读：悦读，跃读，阅读，月读，越读。

低年级的各种学习活动，兴趣都是对效果起决定作用的关键因素。要让孩子喜欢上阅读，终身与阅读为伴，就要注意实施悦读——读好玩的书，像玩一样地读书。好玩的书首先绘本，它是这个阶段最具代表性的儿童趣味读本。绘本的画面视觉冲击效果，阅读时的亲子互动形式，内容中蕴含的人一生成长所需的大真、大善、大美、大爱，都要尽早地在儿童幼小的心灵中占据重要位置。这一阶段还要允许儿童跃读，跃就是动，儿童阅读要鼓励儿童动起来。跃还有跳跃读的意思，就是允许儿童有选择地阅读书本中的部分内容，不一定要像成年人那样按部就班，逐字逐句，从头到尾地读，跳跃式的阅读是儿童阅读的特点，他们受兴趣支配和指引，自觉找到自己喜欢的内容阅读，是儿童的阅读特色。

进入中年级，阅读要注意习惯培养和方向的把握，要读得优雅，读出品位。习惯培养如读书时不出声、不指读、不读读停停、读后多交流多互动谈感受。这个阶段，要关注儿童读什么书。如果儿童还沉迷于低俗的漫画、隐藏着凶杀暴力等信息的不良书籍，则应该给予指导、纠偏、规范。

进入高年级，我们执行月读制。每月定下阅读的书目，专项阅读，定期检查反馈。读的时间有保证，布置作业时，家庭阅读每天不少于40分钟，课内阅读每周不少于两课时。一个月后，我们会组织专门的聊书课，聊一聊阅读的感受、收获，交换阅读的信息。一个月中，我会在执教时不断提及书中的内容，激发大家阅读的热情。一个月后，我们再确认下一个月的专项阅读书目，这样读上一两年，高年级的阅读就能基本做到保质保量。阅读的书目源于两个渠道，一是《语文课程标准》中指定的书目，二是儿童群体推荐或当下的社会热门。我们还提倡越读，即跨越式阅读。很多教师在阅读指导时让儿童多读本学科或是教育类的书籍，我们在阅读指导时特别注重跨学科的跨越式阅读。例如，我们班曾经推荐韩国的科幻、科普读物，孩子们非常喜欢。阅读后转化为习作素材，写得有声有色。此外，跨越式阅读也指跨越传统的阅读方式：听读，速读，阅读微博、博客、新闻、信息、报纸、评论，阅读的种类多，方式多，收获的信息也多，这将极大地刺激儿童对社会、对生活的兴趣，激发儿童的写作思维。

为了进一步让读辅助写，我们还提倡三种模式的精读。一是对比读。读的时候多对比，越读越有味。例如，读《水浒传》，可以尝试将人物做同类对比。如同样以杀戮闻名的李逵、鲁智深、武松、林冲，比较读出四人的特点。李逵是逢人就杀，遇神杀神，遇鬼杀鬼，杀时只有一条原则——挡我者死！鲁智深是为义而杀，率性而为，出手时顾忌打击效果——震慑对方即可，点到为止。武松杀人虽师出有名但又带有作秀的色彩，杀时摆场，杀后留名，杀的过程像一出戏。林冲则淋漓尽致地体现着一个"逼"字，被逼无奈时才出手，出手往往又留有一手，实在没有活路了才下手。这么一比较，人物的性格特点一清二楚，命运及发展脉络就清晰可见且有真实存在感了。对比，可以在平淡中看见神奇，在雷同中发现异样。二是联系读。阅读时如能主动将信息进行归纳、整理，就能读出不同的意味。阅读能产生联系就说明不是在读死书。这样的阅读，收获才更加丰厚。三是精细读。读书如果能细致些，自然是好事。怎么做到让孩子细致读呢？可以借鉴语文教师备课时的方法，抓住文字、文句、文学细读。首先要关注文字，哪些文字显得耀眼、特殊、美感十足，哪些文字生僻、古怪、让人费解，都是关注的焦点。一般情况下，能发表的作品，作家在创作时，文字都是极其考究的，那些跳入你眼的"特种部队"，不是作家的刻意而为就是作家的语言风格、言语表达习惯的体现，必须予以关注。或是查工具书弄懂，或是上下文联系看懂，或是直接询问家长。文句就是提醒大家关注特殊语句：散文化或是诗意满溢的美句，使用特殊表达方式的语句，不按常理出牌的古怪句。但凡句子比较另类突出的，都可以作为看点，反复读，体会句意。文学则指从文学创作的角度想一想：为什么这么写，这么写有什么好处，还可以怎么写，这么写写出了什么，追本溯源，转换角色、身份思考，你就会发现作者的创作秘妙，将阅读和写作合二为一了！

　　但愿早日还作文以本色，让作文不再难，让用笔书写、用文字表达成为一种习惯。

（何　捷）

请儿童做"指导教师"

——人教版单元习作"乡村生活"案例解析

一、备课历程

在名师工作室学习期间，遇到一件让我头疼的事。县镇教师培训时采用点菜式，即由受培训教师随机点课，培训者准备一周时间后执教。不消说，这对培训者而言是极度的考验，甚至有些折磨人。可能是大家对准备充分的示范课感到乏味，需要实打实的常态呈现。

原本我是不怕的，头疼源于所点的课——人教版四年级下册第六单元的习作"乡村生活"。我从小生活在城市，对乡村生活的体验仅限于假日农村休闲游中积累的点滴感受。这几年在全国讲授习作教学的时候，多遇教师提问单元习作教学该如何操作，极具戏剧性的是，这一单元的习作指导是提问的高频点，清楚记得我都是以未曾接触过乡村生活做挡箭牌。

而此次是在劫难逃了。

备课时，感觉无从下手，所以很自然地向专家求助。福建省教研室小幼室陈建志主任的语文课程实践观给我很大启发。他一语道破学生习作水平提升的不二法门——在实践中提升言语表达水平。习作指导课，不在于教师要讲解多么深刻精辟的技能技法，而在于给足时间，让孩子在充分的说和写的言语实践中自主获得提升，教师的指导应伴随着实践过程，起引领、辅助、点拨、鼓励的作用。这节课我面向的就是农村的孩子，他们的生活实践正可以为习作做足准备，应无师自通。课堂上与其唾沫横飞地照本宣科，不如放手让孩子们大胆进行各项有益于表达素养提升的实践活动：言语表达、素材遴选、组篇设想，甚至是同伴间的相互教学实践。而我也试图以这般反客为主的设计解决自己的困惑，更期待能形成一种普适的习作指导模式——让作为外因的指导退居二线，仅导在学生无助时，导在学生疑惑处；让作为内因的表达原动力成为课堂的最强音，为个体习作素养的提升保驾护航。

于是，请孩子做"指导教师"的习作指导课诞生了。以下为整理后的实录，受教者为福州市连江县的四年级学生。

二、课堂回放

片段一：开门见山，反客为主

1. 亮明话题

师：孩子们，今天要给大家上的是第六单元的"乡村生活"主题作文。（板书：乡村生活）说实在的，老师感到很为难。我出生至今，一直在城市居住，没有体验过乡村生活，不知道真正的乡村生活是什么样，所以不知道该如何指导你们写。而你们每天经历的就是地地道道的乡村生活。你们说，该怎么办呢？

生：我们自己写，您就别管了！（众笑）

师：真是初生牛犊不怕虎。好是好，不过就这么回去，恐怕交不了差啊！至少也得陪伴着你们吧。其实，陪伴就是一种教。

生：您没过过乡村生活，当然不会教。我们会原谅您的。（众笑）

师：好的，谢谢！不如，你们来教我怎么样？（在课题旁添加板书：你来教）

生：好的。

2. 角色互换

师：先请班长当我的先生吧。班长，你觉得该怎么教会我这个没有乡村生活经验的孩子。（众笑）说到这儿，我突然觉得你们平时还真难，经常要被迫写一些自己从未有感觉、没有经历的东西。

生：（班长）你可以先来我们这里生活一段时间后再写。

师：好主意。看来你知道写作离不开生活。老师不会写，就是因为没有生活实践，就连最基本的写什么都不知道。（板书：写什么）不过生活一段时间看来是来不及了，这方面就请你们帮助我吧！还有呢——

生：还要用上一些好词好句，把作文写好！

师：好作文不一定都是好词好句组成的，朴实无华的语言也一样好。不过我明白你的意思，你还要指导我怎么写，要我把作文写好，是吗？（板书：怎么写，写得好）

生：是的。

师：谢谢各位小老师。这节课大家就围绕这三个问题来教我这个学生，好吗？（众笑）

生：（齐声）好的。

[解析：这个环节教师在亮明习作主题后就顺势向孩子求助。此举能激活儿童的好胜心，鼓励儿童凭借自己已有的生活经验，做到反客为主，教师也顺利实现师生角色互换。同时，教师并未放弃教的主导，强调了本课教学的三个难度呈现阶梯式递增的教学目标：写什么，怎么写，写得好。本环节的教学行动为全课推进，搭建了大致框架。]

片段二：小组合作，化难为易

1. 确定合作学习方向

师：先来解决第一个问题——写什么。小老师们，作为你们的学生，我希望你们先听听我的学习要求，好吗？至少要看看我需要什么帮助吧。

生：好的，您大胆说。（众笑）

师：我看了这个单元的课文，读过《麦哨》后我想写写乡村游戏（板书：玩）；读过《乡下人家》，我就特别想写乡村民居（板书：住）；读《牧场之国》后我想写你们这里的乡村民俗（板书：民俗）；同时，我又是个美食爱好者，听说许多城里人都到乡村来吃农家菜（板书：吃），所以我希望你们告诉我，玩、吃、住、民俗这四个方面可以写什么？

生：哦，这四个方面的内容太多了，说不清楚。（众笑）

2. 组织小组合作学习

师：这样吧，看来光靠一个人的教是不够的。不如分成四个小组合作，每个小组集中讨论一个方面可写的素材，最后由小组长集合大家的发言，填写一张"帮助何老师"的表格，好吗？

（学生分为"美食组""游戏组""民居组""民俗组"，小组合作讨论后填表，只需填写可供写作的素材名称。例如，"美食组"填写农家土菜的菜名，"游戏组"填写乡村游戏的名称，"民居组"填写民居中的特色结构或设计，"民俗组"填写各类民俗的名称或基本内容。）

3. 小组汇报学习结果

生1：乡村美食可多了，有青菜豆腐、回锅肉、肥肉炒笋干、连江鱼丸、狗肉煲……

师：哇，让人听了直流口水。果然，这些菜中就有我在城里没吃过的，例如连江鱼丸，如果我要写，就写这个，你知道为什么吗？

生1：因为这道菜是我们这里的特色。

师：老师你能告诉大家，如果可以写的素材很多，选择的时候应该注意什么呢？

生1：选择最有特色的。

师：非常感谢你教我如何选材。另外的小组也汇报一下吧。

生2：我们这里的民俗可多了，有端午节划龙舟、清明节扫墓、春节过大年……

师：这些城里也一样，如果写这些就不像乡村生活了。有更有特色的吗？

生2：有啊。鬼节时有游神。就是抬着神像出来游走。要绕着村子走，每一家门前都要经过，这个活动你们那里一定没有。

师：是的，写这个素材，文章一定有浓浓的乡村味。所以你们还要注意写出差别，乡村特色和城市生活的区别。

生3：我们这组讨论的是乡下民居，不过几乎没有写下什么讨论结果。因为只有爷爷奶奶还在乡间住平房，我们小孩子都已经搬到了县城，住进单元房。只有放假或者过节时才到爷爷奶奶家去住，有时候也觉得住不习惯。

师：原来，乡村生活也发生了这样大的变化啊。没关系，不熟悉的素材我们暂时不用，我也先不写这个方面了。大家记住，今后写作文，选择素材时不要勉强，更不要为了写作文而说假话！

生4：我们这组游戏很多，摸鱼摸虾、打水仗、抢收庄稼、野地抓蚯蚓、爬树等。

师：游戏是儿童乡村生活的主旋律，所以一定有很多可写的素材。我和大家一样，小时候都参与过游戏，我想这个方面写起来没问题。谢谢大家的帮助，现在，素材足够丰富了，我不害怕写不出作文了，我想大家和我有一样的感觉吧。

生：（齐声）是的。

［解析：这个环节重点解决写什么的问题。通过合作学习的模式，由小组合作讨论，汇集大家的信息，构建相对庞大的素材库，同步解决了学生个体素材不足的困难。集体的力量大，合作学习的效果好，很容易化难为易，解决习作中最大的障碍——素材缺失。］

片段三：师生互动，案例赏析

1. 案例展示

师：究竟该怎么写呢？大家有什么好主意吗？

生1：多用比喻句。

生2：写具体一些。

生3：用上好词好句。

……

师：其实大家说的这些都不是重要的。相反，如果大家一味在这些旁枝末节处大费周折，可能徒劳无功。怎样才能写出好作文呢？不如从一篇学生的习作中发现习作的秘诀。之前何老师了解到我们班有个同学来自连江，于是我就请她写下一篇《回忆中的乡村生活》。现在给大家看看，大家一边读一边画：文中关于乡村生活的描写，有哪些句子写得特别像。

［幻灯展示］

记忆里的乡村生活

李若宸

我的家乡在连江，那是我最爱的地方。

"喔喔喔"，天亮了，调皮的公鸡报时了。大妈大嫂挎着篮子，一大早就去集市买鱼买肉。

天亮了，太阳高照，送给田地阳光，送给大地五彩斑斓的色彩。田园里的花菜长成了，随处可以看到忙碌的身影，大家埋头收获着喜悦。

中午，每家每户炊烟里都飘着饭香。自己做点饼，炒点菜，邻里分一点。大家都很客气，纷纷说"好吃，好吃"，"谢了，谢了"。我尝了一口："哇，好香！"年长的人还会去村上的寺庙里鞠个躬，拜一拜，祝愿全家平安。

夕阳西下，人们赶着小鸡、小鸭到它们的小巢。夜幕降临后，邻居相互打招呼后各自回家，乡村的夜宁静得很，天空里的繁星多得数不清。

每天都是这样的和谐、宁静、美好。我怀念乡村生活，我爱乡村生活。

2. 案例研读

（学生读作文画句子）

生1：我觉得这两句话写得像："'喔喔喔'，天亮了，调皮的公鸡报时了。大妈大嫂挎着篮子，一大早就去集市买鱼买肉。"我妈妈就是这样的，她说早去买的新鲜。

生2：这里还有两句："自己做点饼，炒点菜，邻里分一点。大家都很客气，纷纷说'好吃，好吃''谢了，谢了'。"我们乡村里也经常这样，自己家做的东西大家一起吃。

生3：这句更像："年长的人还会去村上的寺庙里鞠个躬，拜一拜，祝愿全家平安。"妈妈说去庙里是大事，风吹不动，雷打不动。（众笑）

生4：我觉得这句话最像："乡村的夜宁静得很，天空里的繁星多得数不清。"我曾经到过城里几次，基本上看不到星星，我觉得我们乡下的星星好像特别多，星星都跑到乡下来了。（众笑）

……

师：乡村生活就是这个样子的吗？

生：（齐声）是的。

3. 归纳总结

师：很好，原来"怎么写"的秘密就在于"是什么样的就怎么写"。

（板书：在"怎么写"之前添加"是什么样的就"），这里的"什么样"靠什么来发现呢？

生：靠我们的观察。

师：是的。你注意到了吗？文章中写了乡景、乡音，还抒发了乡情，这些声音、景致、情感，都要靠观察获得。观察就是写作文的前奏和基础。此外还要请大家关注文章中的"天亮了""中午""夕阳西下""夜幕降临"这几个词组，你还能发现写作的秘密吗？

生：要按照顺序写。

师：对，这是你们这个年级写作的基本功，非常重要。对于一个中年级的孩子来说，事物是什么样就怎么写，这叫写"真"；按照顺序写，这叫写"顺"，文章真实了，通顺了，读者才能读得明白。至于说作者各有什么高招、妙招，就请各自在习作中展示，写成习作后我们一起欣赏。大家都有信心了吗？

生：（齐声）有！

师：哇，这算是我们师生合作完成的学习内容，把掌声送给我们自己吧。大家可不要小瞧我这个"学生"，有时候，学生的贡献也很大。你们在课堂上学习的时候，如果能充分地和老师互动，相信产生的集体智慧也是无穷的哦！

［解析：这个环节重点解决怎么写的问题。在这个问题上，很多同学是有误解的，认为好词好句的堆积、文章的矫情造作就是写好作文的秘诀。其实不然，本环节通过师生互动的形式，让学生感受到观察是写作的基础，真实和通顺是中年级的习作要义。这些内容不能自然而然地生成，必须通过师生互动特别是教师的巧妙引导，方能得以达成目标。而此教学目标的达成极为有益，以正视听——怎么写，不要一味在词句上刻意美化，中年段属于写作起步阶段，更要注重大局。］

片段四：直接讲述，达成共识

师：最后一个问题就是如何才能写得好。你们有没有秘诀可以分享？

生1：要多观察才能写得好。

生2：要用到一些名言才能写得好。

师：这条倒是有些意思，就像学习园地中的"日积月累"，如果习作中能适当运用这样的名言佳句，文章的品质自然高，意境也深远些。不过这要靠日常积累，不能临时抱佛脚。

生3：还要经常写。

师：是的，作家巴金早就说过写得好的秘诀，作为感谢、回馈小老师对我的帮助，我就告诉大家这个秘诀吧。巴金说：只有写，才会写。（板书：只有写，才会写）这就是写得好的秘诀。谁来说说你的理解。

生1：就是要一直练习。

生2：平时要多看，多写。

师：没错，习作的提高就在于实践，只有不断进行观察，选材，常写，文章才会越来越好看！现在，我应该能写一篇比较像样的《乡村生活》了。如果由你们这些熟悉乡村生活的孩子来写，你们有信心吗？

生：（齐声）有！

师：好的，下课，课后习作。

[解析：这个环节重点解决写得好的问题。与之前不同的是，这样的相对专业的写作技法传授要靠教师的主动讲授，这也是本案例中教师主导地位的重要体现。而学生在得法之后就是要通过大量实践真正获取，所以这里只做点拨、提示、告知，而不再大肆渲染。因为我们深知，习作水平的提升就要仰仗儿童的实践。]

三、课后反思

纵观这节课，至少在以下几个方面可以提供给大家研讨，创生出一线教师能够操作、具有教学实效的常态习作指导教学模式。

1. 观念上积极转变

习作指导课的目的是什么？很多教师认为指导就是在技法传授上下工夫。其实不然。语言文字的表达练习是随心所想，蓬勃而发的。如果在写一句话之前就想用什么样的修辞手法写，无异于作茧自缚。许多作家也表达过这样的意思：写就是写，从没想过用什么技法去写。写下句子了，技法和句子就融为一体，技法也只有在这句话中方能显示出魅力。所以，习作指导课应该摒弃为技法而教的低层次目标，只有在观念上实现转变，把准教学目标，行为才可能科学有效。

2. 内容上拨冗除陈

习作指导课讲的内容是什么？以往的课上总见技法指导、词句推敲。本案例中，指导的内容分为三个版块：写什么，怎么写，写得好。其中写什么是素材的准备与选择，这是习作的前提和基础；怎么写指向习作的构思与谋划，是思维预热，是脑中信息转化为文字符号的必经阶段；写得好是教师的提点，有的关乎本篇，有的关乎长远的素养形成，这是习作获得成功的关键因素。三者共同构成一节习作指导课的主要执行内容。这样的界定明晰地为达成素养提升的目标服务，确保习作指导课成为学生言语实践的训练场。

3. 形式上灵活多样

习作指导课应该怎么教？教无定法在习作指导上应该得以充分体现。学生能回忆、能获取、能主动表达的不需要教。不是本案例需要讲授的内容，教了也不懂的内容，也不需教。学生欲说还休的、心知肚明但却有口不能言、话在嘴边却不知如何表达的和思维模糊的，可适当教，所谓的"教"就是在师生间进行思维碰撞和思想交换，表现为倾听、对话、陪伴、出谋划策、旁征博引、组织辩论、商榷探讨等合作参与的形式，教的结果不是让学生趋同于教师的观点，而是让学生模糊的思想变得清晰，坚定信念，形成自己的表达主张；属于学生不懂的但又需要懂的，直接教，表现为讲授，要求笔记强化记忆。最妙的是可以反其道而行之，让学生教，如本案。孩子知之甚多，且有表达冲动和欲望的时候，不如放手让其教！角色的转化能让课堂呈现意想不到的精彩。

特别的说明书

——非连续性文本读写联动案例解析

一、备课历程

《语文课程标准》颁布后，非连续性文本这个词汇跳入眼帘，一下子成为热议的关键词。什么是非连续性文本呢？百度搜索后显示：非连续性文本是由句子和段落构成的文本，例如小说、散文等，包括图表、表格、清单等。其实，儿童在生活中，与非连续性文本接触的频率相当高，为什么之前鲜有人提及呢？

多年来我们的语文课本选文都是以经典篇章为主，基本是"连续文本"。原本期待儿童能从这些经典中汲取营养，达到能正常参与社会生活的目标。未曾想，不少儿童考试成绩不错，但连一张病假条都写不好；买一个新产品，连说明书也看不大懂；吃药也从来不知道要先看药品说明书……语文学习，阅读和写作的交集越来越小了。

恰逢此时，接到邀请要执教一节非连续性文本的阅读课。这无疑是一种挑战。查阅了前辈的案例，发现此类文本的阅读指导课都比较单薄。其一，形式上单一。已有的案例基本上是三步走：提供文本给儿童，进行自主阅读；随后是答题阶段；进而是讲评阶段。设计者意图通过这样的反复训练，在量的积累上提升阅读的品质。其二，收效甚微。每一节指导课针对某一种文本，说明书，广告词，解说语……课堂的容量偏小，学习效率不够。其二，无法拓展，不能真正提高儿童的阅读或者写作的能力。此类训练到最后，依旧演变成短文分析一类的练习。

如何突围呢？我想到了自己热爱的写作。不如将非连续性文本的阅读和习作教学相结合，让儿童通过教学达成从读学写、读写迁移，读写融合的学习。这只是设想，如何实现呢？

首先是教学素材的积累与准备。非连续性文本既熟悉又陌生，生活中随处可见。但有意思的是，儿童对其真正做到了熟视无睹。这就要求教学素材具备典型性，代表起到此类文本的特点；新颖性，能一下引起儿童的关注；兼容性，有利于向习作拓展延伸。其次是环节的设计。既然是读写联动，读为先，写在后。读要充分，要读出名堂，要注重采用不同方式的读促进读的效果。而且，读与写之间的关联点要设计好，让整节课的教学线性顺滑，没有提升与递进。第三是写作的训练点要生动有趣，让儿童通过写加深对非连续性文本的阅读感受，提高阅读能力，在写的过程形成对文体大致特征的再认识，在运用中亲近，在实践中提高。

　　基于此，我们决定将本课的设计分为两个部分，其一为非连续性文本的阅读训练，其二为仿写训练，读写联动。其中，设计非连续性文本——药品（保健品）说明书的阅读训练，意在有效提升儿童阅读此类文本的能力，有针对性地服务于生活，设计能切中并符合课程标准中关于非连续性文本阅读的指导要义。随即的拓展写作训练部分，让儿童模仿说明书这种特殊的形式练习，争取让儿童练得有新意、有乐趣、有效果。

二、课堂回放

片段一：谈话导入

师：平常大家生病吃药时，是怎么吃的呢？

生1：爸爸妈妈让我怎么吃我就怎么吃。（众笑）

生2：我听医生的，医生让我怎么吃我就怎么吃。其实爸爸妈妈也是听医生的。（众笑）

师：我明白了，这叫遵医嘱。确实应该这样。不过，有时候在家中会偶发一些常见病，例如，肚子疼、牙疼、胃疼、拉肚子等，人吃五谷，偶尔有个头疼脑热的，一时找不到医生，也到不了找医生的程度，可以在家长的指导下，服用一些常用药。吃药前，你觉得要做些什么？

生：还是听爸爸妈妈的话。（众笑）

师：确实够听话的。不过，爸爸妈妈该听谁的话呢？这时候，大人会看一份神秘的东西——药品说明书。大家见过吗？

生：没见过。

师：所以说是神秘的东西嘛。其实它一点儿也不神秘，每一种药品的包装盒里都配有药品说明书，看懂它，倘若今后有些小毛病就可以自己来解决了。这也证明了你的成长。所以，可以说今天这节课是人生中重要的一课。

开胃消食片说明书

主要原料：山楂、麦芽、陈皮、鸡内金、白扁豆、白糖等。

主要功能：改善肠道功能，促进消化，保健肠胃。

成分含量：每片含黄酮 0.39 毫克，钙 45 毫克。

适宜人群：消化不良者。

服用量：每天三次，每次六片。

服用方法：饭后温开水送服。

保质期：18 个月。

生产日期：2008 年 10 月 15 日。

批准文件：卫食健字〔2002〕第 0592 号。

贮藏方法：阴凉干燥处。

[解析：谈话导入，让课堂气氛变得平和、舒缓。同时话题与学生的生活息息相关，能有效勾连起学生的回忆，为接下来的教学主体环节做好铺垫。教师在这个环节特别注意儿童的学习心理，言语上营造神秘感，也起到了良好的激趣作用。]

片段二：看懂药品说明书

1. 通读，摄取完整的信息

师：不看不知道，看了全知道。药品说明书没那么神秘。请看我为大家带来一份真实的药品说明书。（幻灯展示）请大家从头到尾逐一阅读这份药品说明书，看看你都获取到哪些信息。

（全体学生通读药品说明书）

生 1：我发现这里写着药品的成分，还有功能、原料等。

生 2：还有生产日期、批准文件、贮藏方法等。

（其余补充发言略，共同归纳此说明书上的 10 个项目）

师：看药品说明书，首先要注意一个全字，要看得完整。（板书：全）因为一个不起眼的缺漏也可能会引起巨大的反应。所以，建议大家第一步要按照说明书内容出现的顺序来读，从头到尾连贯读。

2. 速读，提取有效的信息

师：不同的人看同一份材料，会有不同的结果。那是因为每个人的阅读需要不同。让我们做个游戏，以不同的身份再次快速阅读这份说明书，看看你都获取了那些和你身份相关的有效信息。（幻灯展示）

> "我"是一个需要服药的孩子的父亲；
>
> "我"是一个药品检测人员；
>
> "我"是一个患病的小孩；
>
> "我"是偶然间发现这瓶药的人；
>
> 也可以自定义身份

生 1：如果我是一个需要服药的孩子的父亲，我主要看看说明书中的主要功能、适宜人群、用法用量、保质期这些信息，因为我不能让我的儿子吃错药，乱吃药。

师：很好，这是一个称职的父亲。

生 2：我要是一个药品检测人员，就看看药品的批准文号、保质期。我不吃药，我只检查药是不是假药，有没有过期，所以只需要看这两个部分。

生 3：我现在就是一个患病的小孩，我要看的和那个做父亲的一样。（众笑）不过，我最好把其他项目也看看，这样自己放心。（众笑）

师：真难得，比一个当爸爸的还细心。

生 4：我是偶然发现这瓶药的人，我只要看看保质期就好啦。因为现在我不需要吃药，其他不需要看，发现如果没有过期，就把它收好。

生 5：我是制药的人，我主要看看药品的成分。

……

师：真不错。不同身份就有不同的阅读目的，快速阅读后提取最为有效的信息，这是一种能力，也是一种素养。（板书：各取所需）希望大家在日常生活的实际锻炼中不断进步。同时也希望大家在日常生活中要留心这些看似不起眼的说明书，让它成为你的生活好助手，伴随你快乐、平安、顺利地生活。

3. 细读，综合运用信息

师：光说不练可不行，接下来请大家练笔。请根据幻灯中的要求，再次细读这份药品说明书，看看你是活学活用还是纸上谈兵，有的同学可以当作问答题，逐题回答，也可以像平常写作文一样，将这些内容串联成一段话。（幻灯展示）

> 1. 这种药品有什么功能？
> _____
>
> 2. 在什么情况下才需要吃这种药？
> _____
>
> 3. 应该怎么吃？
> _____
>
> 4. 服用前后还应该注意些什么？
> _____
>
> 5. 看懂药品说明书有什么用呢？
> _____

附：学生习作

　　平常吃药的时候，说明书一般都会被我们抛弃在一边，一切听医嘱。但是，如果你今天看到了这篇文章，请不要再次将它遗弃，因为，看懂说明书，对你来说是个不小的挑战！

　　我眼前的这份是消食开胃片的说明书。这种药是用山楂、麦芽、陈皮、鸡内金、白扁豆、白糖等做成的，主要用来改善肠道功能、促进消化、保健肠胃。你知道在什么情况下吃它吗？比如说：我们一家三口去吃自助餐，无限量地将牛肉串、羊肉串等洗劫一空。突然，我感觉肚子里塞满了钢针，又痛又涨，而且进退两难——吐也吐不出来，拉也拉不出来。我出现了消化不良的症状，此时就应该吃开胃消食片。于是，我拿出一次可食用的量——六片，连同温开水一起服下。太好了，经过药物治疗，我已经痊愈了。但是，吃剩的药品该如何保存呢？服用后应该按照说明书上的贮藏方法，放在阴凉避光处妥善保存。

俗话说得好："是药三分毒。"为了避免激发药物的毒性，我们应当了解药物的信息。比如：应该吃多少？应该怎么吃？保质期过了没有？有没有批准文件？我是否出现说明书上写出的症状？有没有禁忌？如果你没有注意到这些信息，那么有可能会吃到过期药、假药、毒药了！而这些信息，说明书上都写着呢。我认为，看懂药品说明书不仅能够帮助我们更好地了解药品本身，还能保护我们的生命。

师：很好，能将阅读的信息变为这段话，说明你不是个书呆子，懂得活学活用。（板书：活学活用）确实，阅读并切实读懂说明书，就能为生活服务，能够学以致用。

［解析：这部分教学设计很有针对性，分为通读、速读、解读三种不同方式，不同目标、不同功效的读，是非连续性文本的性质决定的，非连续性文本中的信息不是连贯呈现，需要通过不同形式、有针对性的读，提取、梳理、整合信息，以便阅读有效。非连续性文本的这一特质在这个环节的设计中得到了很好的体现。同时，本环节教学已经开始实施从读到写的过渡，读懂是为了写清，读与写紧密结合，学生在不断获取信息后立刻进行言语实践，对信息进行转化、加工、运用，这样的读写结合教学扎实，学生练习能收到实效。］

片段三：仿写另类说明书

1. 了解语言风格

师：请你谈谈，类似说明书这样的文本，在语言上有什么特点呢？

生1：我觉得很简单，很简洁，该说的就说，没有一句废话。

师：（板书：简洁）

生 2：没有用比喻、排比等修辞手法。

师：为什么不用呢？

生 2：用了反而说不清楚了。

师：我明白了，就是要表达清楚，是吧。（板书：清楚）其实，只要是清楚的表达，用上这些修辞手法也无妨。这就是写作的魅力，没有固定的方法，只要能清楚表达，用什么方法都是好方法！还有吗？

生 3：它还很实用，每一篇都教会我们一些东西。

师：（板书：实用）很好，这样的文章和大家平时写的作文不大一样，讲究的是语言的简洁，表达意思清楚，写的内容要实用。这就是说明书一类文本的语言风格。请大家记住：写作，不仅仅只有一条路，一种写法；好文章，也不仅仅只有一种评价标准。咱们今天重点关注的就是实用的、独具特色的说明书。

2. 尝试新写法

师：平时大家都写过自我介绍，接下来就让我们来写一种另类的自我介绍，将其写成说明书风格的习作。你会发现，形式的变化将带来非凡的写作感受。

"我"的说明书
品名：_____
外观描述：
品相：_____
色泽：_____
体型：_____
重量：_____
特色介绍：
功能：_____
特长：_____
注意事项：_____
相关信息：
生产商：_____
生产日期：_____
特别说明：_____

（幻灯展示）请听听老师的解释吧。这里的"品名"，请你填写姓名；"品相"，请介绍自己的长相；"色泽"是介绍自己的肤色；"重量"，相信你一定能猜到；"体型"就是介绍自己的体型；"功能"，就是请你介绍自己的个性特点，或者是自己所具备的能力，能做些什么，会干什么活儿等；"特长"，顾名思义啦；"注意事项"，就请你自己作个交代吧，比如有什么习惯、脾气等，都可以在这个项目中填写；"生产商"，指你的父母，这一栏

留给他们吧；想必你也猜到了，"生产日"就是介绍你的生日。

附：学生习作

品名：林雨馨

外观描述：

品相：乌黑的头发被一条水红色的牛筋扎着，有"两双"水灵灵的大眼，可惜其中"一双"是眼镜哦。一个扁得不能再扁的鼻子，一张呈月牙形的嘴巴，外加两只小巧的耳朵，拼凑成了活泼可爱的我。

色泽：黄里带微白。

体型：超级苗条，都快成筷子了，所以该产品又称"超级瘦猴"。

重量：像小鸟一般的重量——30公斤。

特殊说明：

功能：该产品与众不同，善于绘画。有一次画了一个长发穿裙子的小女孩，博得美术老师的称赞。

特长：写作和弹钢琴，大作已在《福州日报》等报刊上发表过多篇；在老师的帮助下，钢琴弹得越来越好，曾经现场演绎《北风吹》，获得众人好评。

注意事项：该产品生气时，请不要和其讲话，不要离该产品太近；如果该产品做作业心不在焉，那么，作业上的错误会比天上的星星还要多。

相关信息：

生产商：该产品的妈妈是老师，善于教书，教龄长达20多年，桃李满天下，对该产品每次的检验，合格分数要求在90分以上，最好是95分以上，十分严格；爸爸喜欢玩电脑，电脑是他的第二生命。

生产日期：2月17日。

特别说明：该产品在生产时也许出了些故障，右大腿接近膝盖的地方有一块红色的微型中国地图（胎记），可像了！只是海南与台湾不

> 大到位。一次，一位老人无意中发现了该产品身上的"中国地图"，看了又看，还不停地说道："好啊！真好！以后肯定是栋梁之材！"这几句话让该产品高兴了好几天。如果你想见识该产品，一定要认准"中国地图"商标哦！

师：请你来介绍一下，这样幽默的说明书是怎样炼成的？和大家分享你的经验吧。

生：我是一边写一边笑的，这种形式太有趣了，说明的居然是自己，感觉很特别，很新奇。所以写起来很轻松。

师：看来写作的兴趣很重要，有兴趣就不难。还有什么秘诀吗？

生：我觉得只要简单改变一下作文的形式，就会让文章个性十足，能在众多同题作文中脱颖而出。

师：这句话简直可以说是写作宝典呀。在写作之前，要做哪些准备呢？

生：在写作之前，可以多找一些真的产品说明书来看一看，对说明书有更多的了解，这样写起来会更顺手；填写完之后，还可以看一看，自己尝试着增添一些项目，让自己的"产品说明书"内容更加完整、精彩，与众不同。当然，要是对自己比较了解，有一些细节写出来更吸引人。

师：模仿是重要的一步，向生活学习、向生活要素材就是一种有效的学习方法。你真善于学习。多阅读，常写作，读写结合，越写越好。

3. 拓展延伸

师：请大家谈谈，这两节读写联动的课，给你什么启发？

生1：有一些文章很实用，例如今天的说明书，很特别，也算是一种文章吧。

师：其实，像这一类的文章生活中很常见，还有各种账单、清单、各种图表、图示，大家看的广告、时间表，书本的目录、索引等，不是由意思完整的段落构成，但是含有很丰富的信息。在生活中我们要多关注。例如，这是何老师出版的一本书《何捷老师的游戏作文风暴》，（幻灯展示）书本的版权页值得大家阅读。不过，很多人阅读时，都错过了这重要的一页。我相信大家会感兴趣的。大家课后有兴趣，可以找找类似的看一看，相信会长进不少呢。还有吗？请继续说。

- 书　　名：何捷老师的游戏作文风暴
- 作　　者：何　捷
- 出 版 社：海峡文艺出版社
- 经　　销：海峡出版发行集团
- 社　　址：福建福州东水路76号14层
- I S B N：9787807195443
- 中国版本图书馆GIP数据核字：（2010）第194468号
- 出版时间：2010–10–01 第1版
- 印　　数：1—4000
- 页　　数：213
- 定　　价：30.00元
- 如果发现印刷质量问题，请联系印刷厂调换。电话：0591-87*****

生2：有时候我们将作文的形式变一变，写起来更有意思，更容易。

师：对，习作的内容和形式是多种多样的，大家要敢于突破常规。

生3：我觉得好文章也是多种多样的。原先我以为只有散文才是好的，现在我知道了，只要写清楚就是好。

师：这个发现很可贵！下课！

〔解析：本环节以写为主。特色在于强调变式写，鼓励学生写得清楚、顺畅，写得有意思，让写成为一种享受。教师注意渗透课改中产生的新写作理念，不断鼓励学生向生活学习，到生活中去寻找范本，让写作与生活接轨，为生活服务，在生活中锻炼提高写作的水平。同时，之前对非连续性文本的引入和介绍，也使写变得有章可循，更加容易，读写联动组建在一个新颖的结合点上，学生便于操作。拓展的理念也值得提倡，能将非连续性文本的阅读引入学生视野，引入课外旷广的学习空间。〕

四、课后反思

纵观全课教学，有以下三个很突出的特点，值得在今后的习作教学中坚持。

1. 教学理念要敢于创新

《语文课程标准》颁布实施以来，非连续性文本成为大家关注的焦点，但与此有关的教学设计还是比较鲜见，不少教师甚至还不能也不敢"越雷池"。此时，能以崭新的理念推出这样一节课的设计，执教的勇气可嘉，教学理念显得新颖、独特。最为突出的新意是在非连续性文本的阅读教学中融入写作教学，实现了读与写的有效联动，这样的设计源于对《课程标准》比较精准、深透的把握，对读写融合促教学高效的理解，建立在对第三学段儿童习作基本学情的靶定上，理念新，思路新，课堂才能给儿童留下耳目一新的感觉。

2. 教学设计要周密

设计不如生成，但有效教学也依赖于设计的周密性。周密不是自圆其说，而是依据教育科学、儿童特性、教学实际需要，能应对教学过程中发生的诸多变化。我乐于阅读，爱好写作，相对擅长写作教学。因此，这节课的设计就利用了自身的特长，让设计与人精密对接。总体而言，本课设计上的亮点是将非连续性文本的阅读和写作教学巧妙、精密地结合在一起，形成读与写的联动：先以读切入，充分读，分层次、分目标、分阶段读，读得到位就能水到渠成，写就能自然渗透融入，也就能写得轻松自在。这样的设计有一个作用，即让非连续性文本的阅读落到实处，学生读得透彻，有收获，又让文本成为范本，降低了写的难度，使写具有趣味性、实用性、灵动性，达到"乐于动笔"之效。

3. 能力训练要到位

写作是一种能力，习作更是能力训练的一种方式。如果一节习作课只满足于让儿童写出东西来，也许就是一种浪费、一种遗憾、一种缺失。而在这节课上，我很注重结合教学全过程对学生进行多种能力训练。如信息的收集、整理、加工的能力；非连续性文本的初读、速读、精读、解读能力；分析范文、借助范文创新写作的能力；主动探索，尝试解决问题的能力；面向生活，自助、自学、自觉应用所学为生活服务的能力等。这些能力无不有利于儿童自能作文的终极目标的达成。可以说，这是一节以非连续性文本阅读和写作为纬，以能力训练为纲，经络分明，读写合理融合，充分地实现联动的一节课。这样一节课，不会随着下课铃声的响起而结束，因为能力的提升是为人的成长奠基。

教学故事

重写作文的故事

让孩子重写作文是每个语文教师几乎都做过的事，是让每个孩子感到无比讨厌的事，但在我的作文教学过程中却成了值得分享的故事。

刚接手一个中年级新班，对孩子的习作水平、写作能力、文章素养、文学修养等重要信息不了解，情急之下，精心准备了一堂游戏作文课。这类习作指导是我潜心研究并付诸实践多年的结果。走进课堂，刚书写下课题"'盲人'雕塑家"就引爆了全场，孩子们议论纷纷，言语表达精彩，语言内容丰富。我心中暗喜，原本需要启发、引导甚至带有激励性质的课题导入环节，在孩子们的热捧中进行顺利。接下来更是顺得让我意想不到：孩子的表演活灵活现，入情入境；观看的也都津津有味，兴致勃勃；活动后的前作文表达环节滔滔不绝，侃侃而谈。经验告诉我，在这样的状态下，行文必定顺畅，文章品质高更不消说。

没料到，作文交上来一看，大感意外。大部分孩子的习作内容单调，空洞，且不说句式是否优美，描写是否细腻，就连字数关都没过，很多四年级的孩子居然只写了小半张典型的流水账。重写势在必行。正当我想到班级中批评后颁布重写令时，个别尖子生的优秀作文吸引了我。他们的作文对游戏环节描写细腻，对活动过程中自己或是他人的表现关注得周全，能在游戏后有所反思，知道盲人是通过触摸来观察对象，而触摸就是一种观察的途径。正是期待中的范文。可为什么同样在一个课堂上，写成的作文质量差距就这么大呢？小众的优异是原有水平所致，大众的失败就是我设计的失败，批评孩子不如批评自己。

于是，一堂作文重写课就上演了……

首先是表扬环节。个别孩子朗读优秀作文，请大家静心倾听，然后讨论。课堂氛围轻松。其次是下发作文，让孩子对比思考：我的作文为什么这么空洞呢？和优秀作文相比，我需要增加哪些内容呢？让大家设想修改计划。孩子就是孩子，当他们感觉到要重写作文时，个个愁容满面，情绪低落。没料到我却宣布：作文放一边，重新玩一次游戏。一下子，愁云散去，全班欢呼。我顺势要求，玩要得法，一边玩一边用心观察，还要笔不离手，快速笔记。凡是现场记录的字数都算在作文字数之内。这一条深得人心。孩子们拿起笔，精神饱满地投入游戏。这一次，我发现课堂状态明显不同——现场热烈但不杂乱吵闹，个别的表演简约有效，观察者笔不离手。游戏环节一过，每个孩子的本子上都是密密麻麻的笔记。大多数孩子都记有三四百字，课堂还剩 25 分钟，我再提议：笔记虽好但是字迹太杂乱，老师无法欣赏。不如来个写片段竞赛，就写最为精彩的游戏环节。请大家按游戏内容，多记录一些同学的动作、表情、言语，好好写一写别人看不到的细微之处，让自己的作文与众不同。下课就收笔，与之前的作文一起交，就当作是重写的作文，这样回家就没负担啦！"好！"呐喊过后，教室里只听见沙沙的笔画声……晚上，我在博客上发表了当天作文的设计和优质范文，点击率一下子飘升，很多孩子留下评论，许多家长也和我交流，说一看就明白这节课老师是怎么上的，孩子们写成的作文是什么样的，为什么孩子这么喜欢上作文课，家长辅导孩子作文也能更加轻松。其实，孩子阅读博客文章的过程就是又一次有效重写，家长阅读的过程是为这次的重写保驾护航，作文教学有这么多人关心，出力，效果当然会倍增。这是有心栽下的花，应该要热烈地开放。

　　也不记得上过多少受欢迎的作文课，但是重写作文这样的课上得如此轰动，确实是头一回。如何指导孩子重写作文，我有几条感受和大家分享。其一，作文写不好，主要责任在教师，重写指导应从教师的自我反思开始。教师预先的设计不能准确和孩子的现有水平对接，是导致作文指导失败的最大原因。如让中年级孩子参与游戏作文，仅一次游戏后就要求写作，很多孩子就只能记录过程，这样的作文只有骨架，没有血肉。如果游戏环节重复出现，让其有充分的时间观察、记录，效果就好多了。其二，应该最大限度清除孩子的畏惧和厌烦心理，使重写变得富有创造性。任何类型作文的写作全程，心理调适都要摆在至关重要的位置。好心情才有好作文，文学创作原本就是一种心态的外显，一种心灵自由的表现，命令式的重写只能增加孩子对作文的厌恶，达不到任何效果。其三，力气花在刀刃上，不炒冷饭。重写作文不需要通篇重来，只需在此文最为关键处下笔。关键处的确立因文而异，状物类的关键是对物的描摹，记事类是事件过程，活动类的是活动进行最为精彩的过程，写人的要根据表达需要确定，或是外貌，或是和人的品质表现有关的事件等。还可以根据本次的训练需要确定，如着力重写语言描写、动作描写、神态描写、环境描写等。总之，达到本次的训练效果则可，不要贪多求全。其四，重写要注重给予孩子鼓励，让其在重写中感受到成功，爱上作文，千万不要把重写指导课上成作文惩罚课，这样只会和你的良好意愿背道而驰。

　　重写作文也能精彩，这就是我要和你分享的故事。

求神的故事

执教四年级，发现这个年龄段的孩子有许多可爱之处。其中很特别的一点就是孩子在遇到困难时喜欢向神求助。这一天我走进教室就发现一个孩子正闭目祈祷：神啊，保佑我明天不要迟到吧！我接着说：早些起床不就不会迟到了吗？求神不如求己！孩子睁开眼看见我，有些吃惊，满脸通红。我和他聊起天来，他告诉我班级中有许多伙伴遇事都喜欢求神帮助解决，比如寻找丢失的文具、解算术题、订正作业差错、不希望教师占用体育课、考砸了不希望被爸爸妈妈惩罚、想和同伴交往……这样鲜活的学情给我灵感：不如为孩子量身定制一场"求神不如求己"的游戏作文，让其参与。一来能为其解困，二来也能给予他们为人处世上的些许启发。

结合《语文课程标准》中第二学段的习作教学目标和四年级孩子的习作训练实际情况，我将这节作文课设计成分阶段片段练习后组合成篇，各个板块的写作活动紧密关联，力争在 40 分钟的课内完成。

板块一：神啊，救救我吧

上课开始我就请孩子们写下一段真话。我说道：老师发现大家遇到困难时喜欢求神帮助。不如让我们写下自己最需要让神帮助的三大困难吧！不过请注意，这三件事都要求是实际遇到的困难，写完后署上名字。

孩子们一听，欢喜马上写在脸上。他们简直不敢相信，老师会允许自己写下求神保佑的三件事，他们也分明感觉到：这个老师真懂我们的心思啊！情动辞发，全班 60 余个孩子们的作文开篇第一段就伴随着欣喜、刺激、新奇的情绪体验，在五分钟之内完成了。

版块二：过度也精彩

我顺势提出新要求：请写下一小段文字，真诚向你心目中的神灵们祈求吧。注意这段文字写得要有讲究：包括表达的句式、用词、标点，甚至是以此为本朗读时给人感觉的语气等，都要谦恭有礼，至诚至信，这样神灵才会保佑。孩子们已经进入教师画下的"圈套",此时为达目的,极其愿意动笔。我则一再提醒:话不在多,表达虔诚的意愿就行。其实,按照我的设计,这仅仅是全文的一段过渡,衔接着下一版块的活动,点到即止!三分钟后,孩子们急切地等待我的下一步指令。

板块三:我来也

接下来,我将所有孩子们的求助信搜集在一起,再请每个人任意抽取一封后仔细阅读。我清晰地说出写作要求:请大家就拿到的作文片段接着下去。先做个自我介绍。要知道这个时候你就是原文小伙伴心中的神,一定有办法为小伙伴解决困难,写下为他人解困的方案。

此时孩子的角色发生了改变,从求助者变化为施助者。自豪、荣耀、骄傲等情感也随即油然而生。这使得他们很容易依靠自己的智慧,借助现成的生活经验,激活乐于助人的本性,为同伴排忧解难。实际情况证明了我的设想:没有一个孩子拒绝帮助别人,全班都埋下头,快乐地书写自己的解困设想。很多天性幽默的孩子还写下不少俏皮话:"我是人见人爱、花见花开的'赛神仙'小吴。虽然是凡人,但比神还厉害百倍。就让我来帮助你吧。""别着急,就算是神仙有困难也要找我,你遇到我,这困难算是到头啦。""本人纯属义务帮忙,为的是和神比赛,看谁是个热心肠。"更值得一提的是,孩子的困难让同龄伙伴来解决,似乎显得轻而易举。例如,有孩子提出"上学路上遇到红灯太多,老是塞车导致迟到",对应的解决方案就是"早些起床,绕小路上学";有的提出"希望拥有个人电脑,可是家长不给买",对应的解决方案是"和妈妈打赌,期末考试成绩提高了,当做奖品一定能成,不过自己也要努力"。看到这些文字,每个成年人都会为孩子的奇思妙想喝彩,每个教师都会感到欣喜,本案例的教育教学目的基本达成了。

板块四:信神不如信自己

当孩子们从他人手中换回自己的习作时,原先的开头一小段已经成了满满的长篇。看到自己的困难被解决,大家都很兴奋,课堂达到新高潮。我乘胜提出要求:来吧,给自己的同伴写下一段感谢的话,同时也谈谈对求神保佑的新认识,面对困难和解决困难的新感受。这段话就是本篇作文的最佳结尾。

在下课铃声响起之前，孩子们都上交了习作，一次集体习作训练完美谢幕！最值得我窃喜的是，孩子们都感觉到：求神不如求己，自己的事情还是要自己解决。

反观这节课，有几点值得我在今后的习作探索中坚持。其一，四年级尚属中年级，是《语文课程标准》中定义的第二学段。在习作方面，段落训练仍旧是该学段的训练重点。特别是课堂习作训练，更应以段落写作的形式开展，依标靠本，不拔高，不人为地增加习作难度。其二，兴趣引导非常重要。特别是针对中年级学生的习作训练设计，要更多考虑给予孩子良性的情绪体验。这对其参与训练、完成习作大为有益，不容忽视。其三，习作设计要多从孩子中来，服务于孩子的生活需要。要做到这点，教师要多关注儿童的生活，多和孩子交流、交往。其四，要注重课堂组织，不要设计过多的环节，不要让孩子为游戏而游戏。这些因素控制不当会干扰其思维。要知道，任何优秀的文字都需要沉下心去思考、组织和表达。

走访身边名人的故事

先介绍我目前工作的学校——福州教育学院二附小。这是福建省的顶级名校，教学质量好，校友、家长中的名人多。课间和孩子们谈话时，总听到他们骄傲地谈起身边的名人。我突然发现：这不正是绝佳的习作资源吗？要是换成平时，这些名人要见一面都困难，现在有了这些孩子，这件事易如反掌。一个大胆的设想在酝酿中。

我找来几个班委讨论采访身边名人的计划，他们纷纷认可，表示出强烈的兴趣。我就势询问：你们知道外出采访名人要做什么准备吗？孩子们七嘴八舌：要和名人取得联系，获得同意，要会采访，要事先了解名人……孩子们说得很好，但没有条理，我请班委拟定计划，梳理纷乱的思绪。

很快，一份计划拟定了。

采访对象：李国庭教授

事先准备：

1. 由李教授的儿子小李和他联系，约定时间。

2. 上网查找李教授的资料，通过家人打听李教授的特点。

3. 拟定好要问的问题。

4. 确定好人员以及分工，例如：谁发问？谁记录？谁组稿写作？

瞧，孩子们准备得很充分。我又加上两条：确定好行走路线，确保外出安全；注意到李教授家后的文明礼仪，让被采访人感受你们的修养。

采访顺利完成了。在回家的路上，我有意和孩子们做了其他的假设——这回我们可是"托了关系"，采访才得以如此顺利。在真实的采访写作中，假如受采访者不同意接受采访怎么办？孩子们说出了一个很让我佩服的方案：可以通过努力，让他感到自己的真诚。事先的功课要做足，开门见山地说，我读您的书，我知道您的观点，我对您个人很仰慕……真妙，攻心为上！我叮嘱孩子：采访过后形成的文章要发表，必须让被采访人阅读，这既是出于礼貌，也是写作尊重事实的表现。孩子们刚刚体验成功，此时我说什么他们都会照单全收。这再次证实心理对学习效果的影响定律：人在愉悦的心境下接受得特别顺畅。

对于这次课外习作辅导，我还有些思考。首先，我们为什么总是看不到身边的优质资源，很多时候舍近求远，大费周折，却不知道身在宝山。关注生活从身边做起，挖掘素材也可以从身边开始。其次，为什么我们的习作题材和体裁以及形式如此单一。我读过美国加利福尼亚的作文课程，发现异常丰富，和现实生活需要紧密相连。如鼓励和要求孩子写描述或想象类的有：叙述故事，编写戏剧；写个人写作体验类的有：自传，内心独白；写说明或解释类的有：报告，观察作文；写说理或劝说类的有：解决问题，因果推断等。其中以剧本创作为例，一年级对写剧本的要求为：思考想要讲的故事；决定故事发生在哪里；抉择人物，写出你希望人物说的话；分享，演出。四年级剧本创作的要求为：了解幕和场；在剧本开头列出人物名单；环境描写，说明发生的时间和地点；设计对话，人物名字出现在台词前；设计舞台提示；分享，表演。想象一下，孩子经过这样的训练后，应该能更加正常、顺畅地参与社会生活，享受生活乐趣。而我们的作文教学不但序列杂乱，大家都喜欢让孩子写旧东西，没有创新意识和行为！

命题内容、写作形式和题材的陈旧，究竟是教师的惰性还是孩子的能力真的不足呢？看过习作后，您的心里会有答案！

图书在版编目（CIP）数据

作文课，我们有办法：4位小学语文名师的作文教学智慧/姚春杰，何捷主编. —上海：华东师范大学出版社，2013.6
ISBN 978 - 7 - 5675 - 0957 - 3

Ⅰ.①作... Ⅱ.①姚...②何... Ⅲ.①作文课—小学—教学参考资料
Ⅳ.①G623.243

中国版本图书馆 CIP 数据核字（2013）第 149817 号

大夏书系·作文教学

作文课，我们有办法
——4 位小学语文名师的作文教学智慧

主　　编	姚春杰　何　捷	
策划编辑	朱永通	
审读编辑	周　莉	
封面设计	奇文云海·设计顾问	
责任印制	殷艳红	

出版发行　华东师范大学出版社
社　　址　上海市中山北路 3663 号　邮编　200062
网　　址　www. ecnupress. com. cn
电　　话　021 - 60821666　行政传真　021 - 62572105
客服电话　021 - 62865537
邮购电话　021 - 62869887　地址　上海市中山北路 3663 号华东师范大学校内先锋路口
网　　店　http://hdsdcbs. tmall. com/

印 刷 者　北京密兴印刷有限公司
开　　本　700×1000　16 开
印　　张　11.5
插　　页　1
字　　数　160 千字
版　　次　2014 年 5 月第一版
印　　次　2022 年 7 月第五次
印　　数　15 101 - 17 100
书　　号　ISBN 978 - 7 - 5675 - 0957 - 3/G·6667
定　　价　32.00 元

出 版 人　朱杰人

（如发现本版图书有印订质量问题，请寄回本社市场部调换或电话 021 - 62865537 联系）